Pfister · Ranchreiten

Gestaltung: Anita Ament

Umschlagfoto: Christof Salata

ISBN 3-275-01404-8

2. Auflage 2002

Fotos: Birgit van Damsen (1), Thomas Höller (2), Lothar Lenz (1), Christoph Salata (7), Katrin Sdun (1), Christiane Slawik (1), Horst Streitferdt (102).

Druck: Rung-Druck, 73033 Göppingen
Bindung: K. Dieringer, 70839 Gerlingen
Printed in Germany

Peter Pfister

Ranch-Reiten

Eine alte Reitweise – neu entdeckt

CAVALLO
Das Magazin für aktives Reiten

Müller Rüschlikon

Inhalt

Ranchreiten – eine alte Methode neu entdeckt

Vorwort

Dieses Buch über das Ranchreiten erhebt keinen Anspruch auf Vollständigkeit. Es ist eine Zusammenfassung von über 30 Jahren Leben und Arbeiten mit Pferden. Es ist daher auch keine neue, sondern die Wiederentdeckung einer alten Reitlehre. Viele bekannte und unbekannte Pferdeleute haben dabei Pate gestanden. Ich habe gelesen, beobachtet, geprüft und ausprobiert, angenommen und wieder verworfen. Ich bin sicher: Sollte es mir vergönnt sein, weitere 30 Jahre mit Pferden zu leben, würde mein Buch wieder anders ausfallen.

Das Leben ist ein ständiger Fluß, ein fortwährendes Sich-Weiterentwickeln. Ranchreiten heißt Entwicklung. Sich in starren Normen zu bewegen, heißt dagegen Stillstand. Und eine alte Weisheit aus dem Wirtschaftsleben besagt: Stillstand heißt in Wahrheit Rückschritt.

Umstände ändern sich. Die Traditionen sind gut, um Vergangenes zu bewahren. Aber nicht immer sind Traditionen für unsere Weiterentwicklung förderlich. Ein anderer kluger Spruch sagt: „Traditionen sind wie Laternen am Wegrand. Aber nur Betrunkene halten sich daran fest. Bewahrt das Alte, wenn es euch sinnvoll erscheint, und benutzt das Neue, wenn es euch weiterbringt."

In diesem Sinne ist jemand, der sich dem Ranchreiten verpflichtet, ein Mensch, der ein hohes Ziel in der Reiterei und der Pferdeerziehung anstrebt – egal ob er im Gelände oder auf dem Platz reitet, ob er in klassischer Reitkleidung oder in Jeans auf dem Pferd sitzt. Er hat die veralteten äußeren Normen überwunden und fühlt sich frei genug, um seine eigenen Wege zu gehen.

Ranchreiter zu sein, bedeutet also, ein guter Reiter und Pferdemensch zu sein oder es werden zu wollen. Auf diesem Weg soll Ihnen dieses Buch ein wenig helfen.

Die Geschichte des Ranchreitens

Als ich mich mit der Geschichte des Ranchreitens beschäftigte, war ich fasziniert. Ich erkannte beim Lesen viele Aspekte wieder, die sich mit meiner eigenen Auffassung über Reiten, Pferdeausbildung und Reitweisen deckten. Es schien mir das beste aus allen Lehren, verpackt in ein vernünftiges, pferdegerechtes System, das zudem recht stilvoll gelehrt und geritten wurde. Die drei bedeutenden Säulen der Rancher-Ausbildung hießen Bodenarbeit, Reiten und Fahren.

Die Geschichte ließ mir keine Ruhe. Was wäre, wenn ... ich zum Beispiel wie in einer Zeitreise im vorigen Jahrhundert landen würde? Könnte ich den Ranchern etwas Neues über Pferde beibringen, ähnlich wie jener moderne Yankee aus Connecticut, den der Schriftsteller Mark Twain in einem seiner Romane durch einen Zeitsprung an den Hof des sagenhaften König Artus schickt, wo er mit seinem Wissen die Tafelrunde erstaunt?

Oder würden die alten Rancher und ich, der neuzeitliche Pferdemann, feststellen, daß wir genau dasselbe lehren?

Also reiste ich in Gedanken ins 19. Jahrhundert. Die Ranchreiterei war eine Angelegenheit einer gebildeten Elite von Großgrundbesitzern, die dazu noch sehr wohlhabend waren. Sie hatten aus Europa die Tradition der Klassischen Reitkunst mitgebracht und weiterentwickelt, indem sie die Methoden von de la Guérinière mit der anspruchsvollen Gebrauchsreitweise der kalifornischen Vaqueros verbanden. Später integrierten sie die Ausbildungsmethoden der amerikanischen Kavallerie, die auf den Lehren Caprillis basierte und das möglichst pferdeschonende Reiten im Gelände erleichtern sollte.

Auch die legendäre amerikanische Kavalleriereitschule von Fort Riley in Kansas prägte die Reitweise der Rancher. Rancher und Offiziere waren häufig befreundet und tauschten regelmäßig neue Erkenntnisse über Erziehung und Ausbildung der Pferde aus. Ein Motto der Soldatenschmiede hieß „The outside of a horse is good for the inside of a man." Der Umgang mit Pferden sollte also den Charakter eines Mannes positiv beeinflussen. Die Reitlehre „The Cavalry Manual of Horsemanship and Horsemastership" gehörte zur Standardliteratur in den gepflegten Ställen der Rancher und machte auch in den USA den Leichten Sitz von Caprilli bekannt. Stundenlang sprachen Rancher und Offiziere über Pferde und deren Ausbildung.

Peter M. Gordon, so wird berichtet, war der Sohn eines wohlhabenden Einwanderers aus England und beschrieb 1896 als erster die Richtlinien der Reitkunst der Rancher. Dank eines großen Vermögens konnte er sich leisten, wertvolle Pferde aus Spanien, Vollblüter aus England sowie teure Araber zu importieren, die er ritt und zur Zucht einsetzte; elegante, hochblütige Tiere, die zu einer Reiterei mit Stil paßten.

Gordon hatte die gesamte Literatur über die Klassische Reitweise studiert und einige Werke ins Englische übersetzt. Das machte ihn mir auf Anhieb sympathisch, weil auch ich ständig in der Literatur nach den Feinheiten im Umgang mit Pferden suche. Ich erfuhr, daß Gordon die Gebrauchsreiterei seiner Cowboys als einseitig und viel zu grob kritisierte.

Ich sah vor meinem inneren Auge jene Cowboys, ihre schlecht gerittenen, von Satteldruck gezeichneten Pferde und konnte Gordon verstehen – es gab keine Reitkunst, sondern lediglich Hirten, die zwar auf ihren Pferden lebten, sich aber um Feinheiten wie Gymnastizierung und natürliche Anmut des Pferds keine Gedanken machten. Dafür fehlte es ihnen an Zeit und an Geld, gewiß auch an Kenntnissen. Cowboys waren schlecht bezahlte Viehhüter, die der untersten sozialen Schicht angehörten.

Ich erlebte zwei Welten auf einem Kontinent. Im Amerika des 19. Jahrhunderts prallten immer gegensätzliche Meinungen über Pferdeerziehung und Reitweise aufeinander. Während die Cowboys zwölf Stunden im Sattel saßen und das Vieh zusammentrieben, pflegten ihre Arbeitgeber einen Stil, der sich stark an der europäischen Reitkultur orientierte. Die Reitweise der Rancher war feiner und ausgefeilter als die ihrer Viehhirten. Sie hatte Elemente der Dressurreiterei aufgenommen, blieb aber die feine Impulsreiterei, welche die Dressur vor Erfindung der Anlehnung stets gewesen war. Damit verband sie scheinbare Gegensätze auf glückliche Art. Sie erhob damals nicht den Anspruch, eine neue Reitweise zu sein. Vielmehr verfeinerten die Rancher eine Reitkunst, wie sie in Europa bereits seit vielen Jahren gelehrt wurde, und übernahmen dabei Elemente der Westernreiterei.

Grund für die verschiedenen Stile war der enorme soziale Unterschied zwischen den Ranchern und ihren Angestellten. Die Rancher waren reich und gebildet. Um 1890 besaßen ein paar Dutzend Viehbarone mehr als die Hälfte der damals 23 Millionen Rinder des amerikanischen Westens. Zu ihren Freunden und Gönnern gehörten die Industriellen-

Peter M. Gordon beschrieb zuerst die Reitkunst der vermögenden Rancher.

Familien Rockefeller (Standard Oil), August Busch (Brauereien) sowie die Präsidentenfamilien von Benjamin Harrison und Theodore Roosevelt.

Die heute verklärte Romantik der Cowboys hatte mit der rauhen amerikanischen Wirklichkeit nichts zu tun. Die meisten waren Abenteurer oder Zivilisationsflüchtlinge, viele sogar Kriminelle. Mit den Ranchern kamen sie praktisch nie in Kontakt. Ihr Ansprechpartner war der Vormann, der sie als Verwalter der Ranch einstellte, nach Belieben entließ und ihnen die Arbeit zuteilte. Keiner fragte nach ihrer Herkunft, wichtig war nur die billige Arbeitskraft. Für diese Hilfsarbeiter im Sattel war das Pferd ein notwendiger Gebrauchsgegenstand. Mustangherden boten ein billiges Pferde-Reservoir. Die Cowboys konnten ihre Reittiere schnell besorgen, schnell verschleißen und schnell ersetzen. Nicht umsonst hieß ein Spruch: „Da kommt Joe auf seinem 10-Dollar-Pferd und seinem 100-Dollar-Sattel."

Für die reichen Rancher und Landbesitzer waren Pferde dagegen seit Ende des 18. Jahrhunderts Familienangehörige, Statussymbol und kostbarer Besitz. Die Viehbarone bildeten eine elitäre, verschworene Gemeinschaft, geeint durch den Stolz auf ihre europäische Herkunft, umfassende Bildung und eine Passion für Pferde sowie die grandiose Natur des neu entdeckten Kontinents.

Die Rancher holten ihre teuren Pferde vor allem aus Europa und Nordafrika. Mit den besten bauten sie exklusive Zuchten auf. Je nach persönlichem Geschmack bildeten sich bald unverwechselbare Zuchten und Typen. Berühmt waren etwa die Hispano-Araber der Rancho del Fuego in der heutigen mexikanischen Provinz Coahuila oder die Anglo-Araber der Familie Field in New Mexico.

Wenn ich Peter Gordon treffen könnte, würde ich ihm berichten: „Die Rancher pflegten exakt den Umgang mit Pferden, um den sich heute wieder viele Pferdeliebhaber bemühen."

Ziel des Ranchers war höchste Durchlässigkeit und Feinfühligkeit. Dazu wurden die Pferde sowohl vom Boden als auch unter dem Sattel ausgebildet. Sie lernten erst Stimmkommandos, damit sie später die Hilfen von Gewicht, Schenkel und Zügel besser verstanden. Großer Wert wurde auf exzellentes Benehmen gelegt. Das Pferd sollte möglichst ein mitdenkender, sozusagen nur mit Gedanken zu reitender Partner sein. Diese Einstellung erklärt sich durch den gesellschaftlichen Hintergrund: Rancher waren nicht darauf angewiesen, sich einen Ruf als tollkühne Reiter wilder Mustangs zu erwerben. Die spektakuläre Art, ein vor Angst panisch buckelndes Pferd mit Sporen und Gebiß zu brechen, wie es unter Cowboys üblich war, stieß bei ihnen auf Ablehnung.

Die Rancher verlangten von Pferd und Reiter, daß alle Disziplinen mit Eleganz und Leichtigkeit geritten wurden. Dazu zählten schwierige Geländeritte auf Schnelligkeit ebenso wie Vorführungen in Hoher Schule und im Springen. Vom Boden aus sollte das Pferd sich fast wie ein gut erzogener Hund dirigieren und etwa mit winzigen Zügelimpulsen mehrere Meter problemlos rückwärtsrichten lassen.

Häufig ritten sie ihre Pferde mit einem Schulsattel an, wie er noch heute in der Wiener Hofreitschule verwendet wird. Selbst aus Australien holten die Rancher sich Anregungen: Stocksättel, die als bequem und pferdefreundlich galten, wurden in verschiedenen Varianten nachgebaut. Davon waren sogar die Cowboys zu überzeugen. Sie übernahmen für den Westernsattel die sogenannten Flügel, die vorn am Stocksattel dem Reiter Halt geben sollen, und machten den australischen Import unter dem Namen „bucking rolls" im Westen salonfähig.

Diese Denk- und Reitweise der Rancher entsprach schon immer meinen Vorstellungen: experimentieren, herausfinden, was für das Pferd gut ist, und dann das beste übernehmen.

Zeitgenössischer Stich: Ein Reiter aus der Oberschicht des amerikanischen Westens mit Zylinder und Tapaderos.

Ranchreiten heute

Die Entwicklung des Freizeitreitens

Freizeitreiten ist keine Entwicklung der Neuzeit. Menschen, die aus Freude an der Beschäftigung mit Pferden reiten, gab es schon immer. Vielleicht könnte man es so definieren: Freizeitreiten ist zweckungebundenes Reiten.

Motivation der Menschen war nicht, das Pferd als Kampf- oder Transportmittel im Krieg einzusetzen. Es als Werkzeug beim Hüten von Rindern zu gebrauchen. Als Zugtier in der Landwirtschaft oder als Sportgerät, mit dem man möglichst hoch und weit springen konnte. Für sie war es eine Passion ohne praktischen Hintergrund um der Pferde willen.

Einer der bekanntesten Freizeitreiter der Geschichte ist der Franzose François Robichon de la Guérinière. Im Jahr 1733 schrieb er sein Buch „Ecole de Cavalerie“, das bis heute eine der bedeutendsten Anleitungen zur Ausbildung von Pferden ist. Guérinières Lehren gelten nach wie vor als richtungsweisend. Es gibt kaum einen Ausbilder nach ihm, der sich nicht auf ihn bezieht.

Aber bereits Jahrhunderte vor Guérinière frönte man auf der Iberischen Halbinsel einem reiterlichen Schauspiel, das bis in unsere Tage gepflegt wird. Der Stierkampf, besonders der blutige, ist zu Recht heftig umstritten. Aber das ändert nichts daran, daß sich mit ihm eine brillante Reitkultur und ein hohes Maß an reiterlicher Ästhetik entwickelten.

Stierkampf ist eine Kunst, ein tänzerisches Spiel im Kampf mit dem Stier. Diese Kunst brachte ein unglaubliches Maß an Rittigkeit hervor. Mensch und Pferd müssen sich hundertprozentig aufeinander verlassen können und perfekt aufeinander abgestimmt sein.

Im Jahr 1750 stiegen die Anforderungen noch. Damals wurde in Portugal der blutige Stierkampf verboten, gleichzeitig wurden die Stierkampfregeln erschwert. Das erforderte noch mehr Brillanz in den Vorführungen und noch mehr Perfektion in der Pferdeausbildung. Gewiß lassen sich in der Geschichte noch viel mehr Beispiele für das Freizeitreiten finden.

Wenden wir uns aber der jüngeren Zeit zu: In den sechziger und siebziger Jahren des vorigen Jahrhunderts begann die moderne Freizeitreiterbewegung, die bis zum heutigen Tag anhält. Der Grund für diese Art der Beschäftigung mit Pferden dürfte der gleiche sein wie schon zu Guérinières Zeiten. Einen gravierenden Unterschied gibt es dennoch: Während sich früher nur eine kleine Elite ihre Passion leisten konnte, ist Reiten heute ein Breitensport. Offensichtlich treibt also ein tiefes inneres Bedürfnis den Menschen zum Pferd.

Mit der zunehmenden Technisierung des Lebens nach dem Krieg schien der Untergang der Pferde besiegelt. Kaum einer hätte damals geglaubt, daß das Pferd solch eine Renaissance erleben würde. Längst ist es kein Privileg mehr, ein eigenes Pferd zu halten. Und neben einer immer noch stattlichen Zahl von Sportreitern steigt die Zahl der Freizeitreiter weiter. Reiten ist für viele mehr als nur ein Sport, es ist zum Ausdruck ihrer Lebenseinstellung geworden.

Aus gutem Grund schreibt der Dressurausbilder Waldemar Seuning im Vorwort zur Neuausgabe seines Buchs „Von der Koppel bis zur Kapriole“: „Kein gesundes Volk, keine in naturgegebenen Grundlagen verwurzelte Kultur werden je die enge Verbundenheit mit dem Pferd und dem Glück, das es uns schenkt, entbehren können.“

Der Wunsch nach mehr

Die Sport- und Turnierreiterei orientiert sich an Anforderungsrichtlinien, die Auskunft über Qualität und Standard reiterlicher Leistungen geben. Die in den Anforderungsrichtlinien beschriebenen Leistungsklassen bilden ein starres Gerüst, in denen sich der einzelne Reiter zu bewegen hat. Was zu leisten ist und wie es zu leisten ist, wird ihm genau vorgegeben.

Partnerschaft auf hohem Niveau. Pferd und Reiter sind eine Einheit, die Kommunikation funktioniert auch ohne Sattel und Zaumzeug.

Dieses System läßt keinen Individualismus zu. Aber gerade dieser Individualismus macht die Faszination des Freizeitreitens aus: losgelöst von starren Formen und Konventionen einer Leidenschaft nachgehen, die viel Raum für eigene Gestaltung läßt. Das ist völlig in Ordnung, solange das freie Ausleben nicht auf Kosten unseres Freizeitpartners Pferd geht. Natürlich darf auch die Freiheit und Sicherheit anderer Menschen nicht darunter leiden.

Freizeitreiter frönen unterschiedlichen Neigungen. In den Anfängen der modernen Freizeitreiterei waren die Menschen vor allem vom zwanglosen Umherstreifen mit Pferden angetan. Aber schon bald war da bei einzelnen Gruppen der Wunsch nach mehr: nach mehr Wissen zu unterschiedlichen Themen rund ums Pferd, nach mehr Qualität im Umgang mit Pferden, nach mehr reiterlichem Können, nach mehr Kultur, nach mehr Philosophie, nach mehr...

So bekam die Freizeitreiterszene im Lauf der Jahre sehr viele Facetten. Da gibt es immer noch die reinen Buschreiter, deren größtes Vergnügen es ist, durch die Wälder zu streifen, sich mit Gleichgesinnten am Lagerfeuer zu treffen und den Traum von Freiheit und Abenteuer zu träumen. Oder auch die Menschen, denen es genügt, ihr Pferd hinterm Haus zu halten, es zu hegen und zu pflegen und alle sechs Wochen mal spazierenzureiten.

Da gibt es aber auch diejenigen, die sich mit ihren Pferden höchstes reiterliches Können aneignen möchten. Oder diejenigen, deren Pferde vielseitig und fundiert ausgebildet sind und sehr unterschiedliche Lektionen von teils hohem Niveau beherrschen. Aber natürlich gibt es auch die Möchtegern-John-Waynes, deren höchste Lust es ist, mit Cowboyhut, Westernsattel und scharfen Gebissen meist im Galopp zu reiten und einen unrealistischen Filmmythos zu leben. Dabei gefährden sie nicht selten Menschen und Pferde.

So unterschiedlich die Ansprüche auch sind – all diese Menschen sind Freizeitreiter. Trotzdem wird die Zahl der Qualitätsbewußten immer größer, der Wunsch nach mehr Qualität beim Reiten ist stärker geworden.

Hier will ich ansetzen. Erinnern wir uns an die Geschichte der Ranchreiter: Diese Männer können uns Vorbilder sein für ein neues Bewußtsein im Umgang mit Pferden. Viele von uns praktizieren diesen Umgang bereits.

Pferdeausbildung

Gewalt beginnt, wo Wissen endet

Pferde sind bekanntlich Fluchttiere und deshalb mit besonderen Fähigkeiten und Verhaltensweisen ausgestattet, die ihnen das Überleben in der Wildnis erleichtern. Eine dieser Fähigkeiten ist die Beobachtungsgabe. Damit verbunden, besitzen Pferde ein sehr schnelles Reaktionsvermögen.

Eine weitere typische Verhaltensweise von Pferden ist es, erst zu rennen und dann nachzuschauen, warum sie gerannt sind. Ihre Strategie besteht darin, vor allem wegzulaufen, was sie unter Streß setzt. Dabei können sie hohe Geschwindigkeiten entwick-

Bereits vor Tausenden von Jahren hat der Mensch das Pferd domestiziert und sich dienstbar gemacht.

keln. Werden sie in die Enge getrieben, können sie aber auch zu harten Kämpfern werden.

Unter natürlichen Bedingungen leben sie in Herdenverbänden und Rangordnungen. Ein Tier übernimmt die Leitung der Herde. Bereits vor Tausenden von Jahren hat der Mensch das Pferd domestiziert und sich dienstbar gemacht. Zunächst diente es ihm als Fleischlieferant, dann als Zugtier, und zuletzt entdeckte er, daß man auf ihm sitzen kann. So beeinflußte das Pferd von Anfang an entscheidend die Entwicklung der Menschheit.

Schon immer gab es Völker oder weise Männer, die offensichtlich einen besonderen Zugang zu den Pferden hatten. Einige sind uns bekannt. Xenophon und Guérinière zählten dazu, aber auch Ausbilder aus neuerer Zeit wie der Portugiese Nuño Oliveira, die amerikanischen Brüder Tom und Bill Dorrance, oder auch Ray Hunt, um nur einige zu nennen.

Den meisten Menschen, die mit Pferden umgingen, ist das Wesen der Pferde jedoch verschlossen geblieben. So kam es, daß der Mensch dem Pferd über die Jahrtausende hinweg viel Unrecht zugefügt hat. Oft war Machthunger oder Gleichgültigkeit der Grund, oft aber auch Unwissenheit. Wo dem Menschen das Wissen über die Natur des Pferds verschlossen blieb, griff er am Ende meistens zur Gewalt, um die Fronten zu klären.

Leider kommt das auch heute noch vor. Dabei könnten wir es besser wissen. Noch nie gab es soviel Literatur und so viele Informationen über Pferde. Nutzen Sie diese, um sich Wissen anzueignen. Nur dann werden Sie auf gewalttätige Auseinandersetzungen verzichten können, bei denen Pferde meist die besseren Argumente haben.

In einer Herde herrschen strenge Regeln. Weicht das rangniedrige Tier nicht freiwillig, scheut sich das ranghohe nicht, es hart zu attackieren.

Wenn Sie erwarten, daß Ihr Pferd die menschliche Denkweise versteht oder Ihre Logik nachvollzieht, stoßen Sie sehr bald an Grenzen. Pferde sind nunmal Pferde und haben ihre eigene Logik. Um Zugang zu ihnen zu bekommen, muß man sich über sie informieren und mit ihrer Natur vertraut machen. Auch nachdem ich schon viele Jahre meinen Weg mit den Pferden gegangen war, hatte ich oft das Gefühl, daß mir der Schlüssel zu ihnen fehlte. Diesen Schlüssel erhielt ich erst, als ich anfing, das Pferd mit seinen eigenen Augen zu betrachten.

Wieder bringt es Waldemar Seuning in seinem Buch „Von der Koppel bis zur Kapriole" auf den Punkt. „Ein richtiger Pferdemann muß nicht nur ein Kenner sein – er muß auch als Pferd denken und fühlen können, es also nicht als mit Menschenverstand ausgestattet wissen wollen", schreibt er. „Das Wort Pferdemann oder Pferdemensch sagt, daß ein solcher Pferd und Mensch zugleich sein soll – ein Zentaur nicht nur im körperlichen, sondern auch in seelischem Sinn. Anthropo- und hippomorph (menschlich und Pferdig gestaltet)."

Was Pferdeausbildung bedeutet

In meinen Seminaren stelle ich immer wieder diese Frage und erhalte die unterschiedlichsten Antworten. Ein Kursteilnehmer meinte: Pferdeausbildung ist, wenn sich das Pferd meiner Meinung anschließt. Ein anderer fand, es gehe darum, eine gemeinsame Sprache mit dem Pferd zu finden. Weitere Aussagen waren: Pferdeausbildung ist die Sozialisierung des Pferdes, bei der seine Bedürfnisse vom Menschen umgeleitet werden.

Möglich wären auch andere Antworten wie etwa: Pferdeausbildung ist, von der Natur vorgegebene Bewegungsabläufe beliebig abrufbar zu machen. Oder: durch Übung eine Verhaltensänderung des Pferds herbeizuführen. Oder: Reflexbahnen zu bilden. Oder, oder...

Alle diese Antworten sind sicher nicht falsch. Aber ich möchte mit meinen Überlegungen viel weiter vorne beginnen.

Ich sage: Jeglicher Umgang mit dem Pferd ist Ausbildung. Pferdeausbildung beginnt nicht in der Reithalle, auf dem Reitplatz oder im Roundpen. Pferdeausbildung beginnt im Stall, auf der Weide, im Auslauf. Sie findet überall dort statt, wo ich in Anwesenheit meines Pferds etwas tue.

Ich unterscheide zwischen einer positiven, also von mir gewollten Ausbildung und einer negativen, also nicht gewollten Ausbildung. Denn auch Problempferde werden nicht als solche geboren, sondern dazu ausgebildet. Das geschieht in der Regel durch unser menschliches Fehlverhalten.

Vom Hang zum Extremen, der heute das tägliche Leben bestimmt, sind auch Pferdeleute nicht ausgenommen. Die einen betrachten das Pferd als Sportgerät, das funktionieren muß. Nicht umsonst spricht man in dieser Szene von Material, wenn es um Pferde geht. Im entgegengesetzten Fall wird das Pferd dagegen allzuoft vermenschlicht. Bei ganz radikalen Pferdefanatikern rangiert es in seiner Wertigkeit manchmal sogar noch vor dem Menschen.

Beide Extreme werden dem Pferd nicht gerecht, beide Einstellungen sind problematisch. Wird das Pferd als Sportgerät betrachtet, so laufen die Haltungsbedingungen meist völlig seinen Bedürfnissen als Flucht-, Herden- und Steppentier zuwider. Allzu-

Erste Kontaktaufnahme: Hallo, wer bist du? Diese beiden Pferde nähern sich einander und tauschen für den Menschen unmerkliche Signale aus.

oft gilt es als Gegner, welcher jeden Tag aufs neue bezwungen werden muß. Dazu wenden die Menschen nicht selten Gewalt an, weil ihnen die Kenntnis anderer Möglichkeiten fehlt.

Allerdings ist das andere Extrem genauso problematisch. Ich bekomme immer wieder Problempferde zur Korrektur oder Ausbildung. Diese Tiere sind zum Problem geworden, weil ihre Besitzer die Spielregeln der Natur nicht eingehalten haben. Ein gutes Beispiel hierfür ist Wotan. Der kleine Norwegerhengst wurde auf einem Pensionspferdehof geboren, war schon früh sehr selbständig und auch selbstbewußt. Seine Mutter interessierte ihn wenig, die Kinder auf dem Hof dafür umso mehr. Allzu gerne spielten sie mit dem kecken Kerl.

Solange Wotan klein und handlich war, ging es gut. Mit zunehmendem Alter wurde er aber stärker und lernte, sich gegen die Kinder durchzusetzen. Eines Tages stand er vor einem erwachsenen Mann auf den Hinterbeinen und bedrohte ihn. Wenn dieser nicht beherzt zugegriffen und die Fronten geklärt hätte, wäre Wotan noch dominanter und bald zu einem echten Problem geworden.

Meiner Erfahrung nach sind die schwierigsten Pferde die, die gelernt haben, sich mit Erfolg gegen den Menschen durchzusetzen. Beginne ich mit diesen Pferden zu arbeiten, so verlange ich zunächst von ihnen, gegen den Menschen erworbene Privilegien aufzugeben. Das kann schon mal problematisch werden.

Die stille Kommunikation

Wie schon erwähnt, bedeutet jeder Umgang mit dem Pferd Ausbildung. Diese Aussage mag auf den ersten Blick nicht so leicht zu verstehen sein. Aber sie wird schnell klar, wenn man folgendes bedenkt:

Als Beutetiere dienen Pferde anderen als Nahrung. Um nicht durch unnötigen Lärm Raubtiere aufmerksam zu machen, kommunizieren sie über Körpersprache miteinander. Das setzt voraus, dass sie sehr aufmerksame und gute Beobachter sind und einander „lesen" können.

Natürlich kommunizieren nicht nur Pferde über Körpersprache miteinander. Vor einiger Zeit erfuhr ich bei einem Seminar mit dem Titel „Erfolgsfaktor Stimme", dass 55 Prozent der menschlichen Kommunikation als nonverbale Kommunikation, also über Körpersprache stattfindet, weitere 38 Prozent über den Ton und nur sieben Prozent über das gesprochene Wort. Das erstaunte mich.

Auf diesem Hintergrund werden uns die Aussagen „Jeder Umgang mit dem Pferd ist Ausbildung" und „Ausbildung findet überall dort statt, wo ich in Anwesenheit meines Pferds etwas tue" schon klarer. Mit allem, was ich in Anwesenheit meines Pferds tue, teile ich mich ihm mit. Mein Pferd liest mich und wird sein Verhalten mir gegenüber danach abstimmen, was es gelesen hat.

Bewege ich mich aufrecht, selbstsicher und gradlinig, wird es mir von Anfang an mehr Respekt erweisen, als wenn ich ängstlich, mit eingezogenem Kopf und immer den Sicherheitsabstand wahrend, meine Unsicherheit sende. Natürlich ist die Palette unserer körpersprachlichen Äußerungen noch viel umfangreicher. Darauf im einzelnen einzugehen, würde aber den Rahmen dieses Kapitels sprengen.

Grundsätzlich gilt: In Anwesenheit meines Pferds ist es mir unmöglich, nicht mit ihm zu kommunizieren. In geringem Umfang kommunizieren Pferde zwar auch über Laute miteinander. Je ursprünglicher sie leben, desto weniger tun sie dies aber. Und tatsächlich mache auch ich immer wieder die Erfahrung, daß die Stimme zwar eine gewisse Unterstützung bei der Ausbildung von Pferden sein kann, aber nie alleiniges Verständigungsmittel. Verbale Kommunikation mit Pferden funktioniert nur in Verbindung mit Körpersprache. Wer glaubt, seinem Pferd nur mit Worten etwas erzählen zu können, kommt also sehr bald an seine Grenzen.

Die Sprache der Pferde

Wenn ich lernen will, mit Pferden umzugehen und mich mit ihnen zu verständigen, komme ich nicht daran vorbei, ihre Sprache zu lernen. Das kann mir natürlich immer nur im Ansatz gelingen. Denn ich bin Mensch, und als solcher wird es mir nie möglich sein, bis in die hintersten Winkel hippologischer Kommunikation vorzudringen. Dennoch kann mir das Pferd eine Menge Informationen über seinen Körper mitteilen. Die wichtigsten Merkmale sind Ihnen wahrscheinlich bekannt, nämlich

- Körperhaltung
- Ohrenspiel
- Maul und Nase
- Kopfverhalten
- Schweifverhalten
- Drohgebärde
- Phasen der Anerkennung (Unterwerfung)

Eine konfliktgeladene Szene: Die beiden Pferde umrunden einander und befinden sich auf Konfrontationskurs. Wer wird zum Schluß weichen?

Das rechte Pferd hat die Ohren angelegt und droht aggressiv. Die seitlich nach hinten gestellten Ohren des linken Pferdes signalisieren Unterordnung und Akzeptanz.

Irgendwann hat alles angefangen

„Wir reden zuviel und sagen zuwenig. Sparsame Kommunikation ist effektive Kommunikation.“

Über Lehrer und Lehren

Soweit ich zurückdenken kann, waren Pferde für mich Faszination pur. Freiheit und Abenteuer, Schnelligkeit und Kraft, Verwegenheit und Pioniergeist verband ich mit ihnen. Pferde, Sattel, reiten – magische Worte aus meiner Kindheit, die mein Herz schneller schlagen ließen. Irgendein Urahn muß mir diese Pferdekrankheit vererbt haben. Genaues weiß ich nicht. Aber auf jeden Fall litt ich schon sehr früh an ihr.

Allerdings prägten damals eher Kühe und Schweine die Landwirtschaft in meiner Heimat. Um die Pferde war es leider schlecht bestellt. Also übte ich das Reiten auf Hausschweinen und trainierte Horsemanship mit unseren Kälbern. Nebenbei sammelte ich alles, was irgendwie mit Pferden zu tun hatte.

Mit zunehmendem Wohlstand verschwanden die kleinen Landwirtschaften. Man hatte es nicht mehr nötig, seine Milch selbst zu produzieren und seine Kartoffeln anzubauen. Es gab immer weniger Kühe, dafür zogen hier und da die ersten Ponys und Kleinpferde in die Ställe ein. Hier beginnt die Geschichte meiner Beziehung zu den Pferden.

Auf die ersten intensiven Begegnungen mit Nachbars Ponys folgte ein mehrwöchiger Reit- und Fahrkurs an der Landesreit- und Fahrschule des Hessischen Landgestüts. Das bedeutete Unterricht nach preußischem Vorbild bei Ausbildern, die noch bei der Kavallerie gedient hatten. Schulpferde waren die Deckhengste des Landgestüts, jeder von ihnen eine echte Persönlichkeit. Hier herrschte noch der alte soldatische Geist vergangener Zeiten. Einmal mußte ich einen Springparcours zu Fuß bewältigen, weil ich mein Reittier nicht zum Springen überreden konnte. Das war pädagogisch sicher nicht sehr geschickt, aber mir hat es damals nicht geschadet.

Steigen auf Abruf: Man muß im Vorfeld überlegen, ob es sinnvoll ist, einem Pferd diese Lektion beizubringen. Leicht hat man aus Versehen den falschen Knopf gedrückt.

Damals kannte man bei uns nur diese Art, mit Pferden umzugehen. Aber das änderte sich sehr bald. Reitweisen und Pferderassen aus den unterschiedlichsten Ländern und Kulturen kamen nach Deutschland und wurden hier vorgestellt. Ich entdeckte das Westernreiten und glaubte, einen Weg gefunden zu haben, mich von den alten, verkrusteten Strukturen und Konventionen lösen zu können. Ich tauschte meinen Vielseitigkeitssattel gegen einen Westernsattel mit Hörnchen. Ich verbannte die gute alte Trense, um mir ein Bosal zu kaufen, und ritt von nun an nur noch geradeaus. Ich wurde Wanderreiter im Westernstil.

In den folgenden Jahren lernte ich sehr viel über Pferde, nur eins nicht: anständig reiten. Irgendwann hatte ich die Nase voll: Ich wollte mehr. So begann eine intensive Zeit des Suchens. Ich studierte sehr unterschiedliche Pferdeliteratur, probierte viele Dinge aus. Ich sah mir all die Stars und Sternchen am Pferdehimmel an, all die Lehrer und deren Lehren. War von dem einen begeistert, dann wieder von einem anderen. Die scheinbar so unterschiedlichen Philosophien irritierten und verunsicherten mich oft.

Im Lauf der Jahre wurde mir bewußt, daß es das, wonach ich suchte, überhaupt nicht gibt. Ich hatte den Trick gesucht, die schnelle Lösung, das Geheimrezept im Umgang mit Pferden. Ich begriff endlich, daß Pferdeausbildung eine grundsolide Angelegenheit ist, die viel Zeit braucht. Ein Handwerk oder auch eine Kunst, die ein hohes Maß an Wissen erfordert und die Bereitschaft, sich mit Naturgesetzen auseinanderzusetzen und diese zu respektieren.

Seither weiß ich: „Reiten beginnt im Kopf, nicht im Hintern – Reiten ist Denksport.“

Eigentlich tun alle das gleiche

Um ein Ziel zu erreichen, stehen mir meist verschiedene Wege offen. Wenn ich zuerst einen Weg wähle und ihn konsequent gehe, werde ich schneller ans Ziel kommen, als wenn ich zunächst viele Wege ausprobiere und mich dann für einen entscheide. Allerdings lerne ich, wenn ich mich sofort entscheide, nur diesen einen Weg kennen.

Ich hatte den Umweg gewählt, verschiedene Wege ausprobiert und auf jedem eine Menge gelernt. Dabei habe ich eine sehr wichtige Entdeckung gemacht. Mit der Zeit merkte ich, daß die Lehren zur Pferdeausbildung, die so unterschiedlich dargestellt wurden und mich deshalb oft irritiert hatten, gar nicht so unterschiedlich sind. Ich erkannte, daß alle Ausbilder im Grunde genommen das gleiche tun. Sie unterscheiden sich hauptsächlich nur durch die verschiedenen Kommunikationsmittel, mit denen sie arbeiten. Mitunter wird der Einsatz dieser Kommunikationsmittel mit einer Art Philosophie verknüpft. Der eine Ausbilder umgibt sich mit einem Hauch von Mystik, der andere macht seine Anhänger glauben, Pferdeausbildung könne nur mit Magie geschehen.

Aber es gibt auch jene, die ganz auf Logik und physikalische Berechnungen bauen. Der erste Ausbilder benutzt eine „dynamische Leine“ zur Kommunikation, der zweite dagegen einen weisen Zauberstab, und der dritte arbeitet ausschließlich mit der Körpersprache. Wichtig ist aber nicht, womit ich mit meinem Pferd kommuniziere, sondern vielmehr, wie ich mit ihm kommuniziere – wobei manche Hilfsmittel natürlich einfallsreicher sind als andere.

Die vier Säulen erfolgreicher Ausbildung

Jeder mag unter Erfolg etwas anderes verstehen. Für mich äußert er sich nicht in Pokalen, Titeln und Schleifen. Vielmehr drückt er sich in Partnerschaft, Leichtigkeit und Harmonie aus. Erfolg stellt sich aber nie von alleine ein, sondern ist immer die Folge einer vorausgegangenen Leistung.

Erfolgreich Pferde ausbilden kann nur, wer einigermaßen Bescheid weiß über Anatomie, Physiologie und Psyche des Pferds. Wer Naturgesetze und Herdenstrukturen kennt und bereit ist, sie zu respektieren. Wer sich Gedanken über die Wirkung von Hilfen und Hilfsmitteln macht und gelernt hat, zu beobachten.

Jetzt können Sie sagen: Ich kaufe mir ein fertig ausgebildetes Pferd oder lasse mein Pferd von einem Profi ausbilden. Wenn Sie glauben, daß Ihr Pferd nach dem Anwenderprinzip funktioniert, müs-

Vertrauen auf höchstem Niveau: Grundlage dafür sind die Spielregeln der Natur, denn ohne Respekt gibt es kein Vertrauen.

sen Sie damit rechnen, daß es bald zu Komplikationen kommt. Pferde sind keine Computer, die einmal programmiert werden und dann immer dasselbe Programm abspulen. Pferde haben ein Eigenleben und eine eigene Meinung, die manchmal sehr stark ausgeprägt ist. Daher halte ich es für notwendig, daß sich jeder verantwortungsbewußte Pferdemensch mit den Grundsätzen der Pferdeausbildung vertraut macht.

Es liegt in der Natur des Pferds, daß es immer wieder versucht, seine eigene Meinung durchzusetzen. Sie müssen damit rechnen, daß es das auch bei Ihnen tut. Deshalb sollten Sie über Argumente verfügen, mit denen Sie sich in der Diskussion behaupten können.

Im Wissen um all diese Zusammenhänge habe ich die vier Säulen der Pferdeausbildung entwickelt. Sie sind das Fundament, auf dem das Bauwerk Pferdeausbildung ruht. Ohne sie ist kein zufriedenstellender Umgang mit Pferden möglich.

Goethe hat einmal gesagt: „Wer das erste Knopfloch verfehlt, kommt mit dem Zuknöpfen nicht zu Rande." Bei der Pferdeausbildung ist das erste Knopfloch die Säule Autorität. Es geht um die Frage: Wer führt wen in dieser Partnerschaft? Kann ich diese Frage nicht zu meinen Gunsten entscheiden, so steht auch alles andere, was danach kommt, auf wackeligen Füßen.

Die zweite Säule steht für Vertrauen. Wodurch erhalte ich das Vertrauen meines Pferds?

Die dritte Säule nenne ich System. Hier geht es darum zu wissen, wie ein Pferd lernt.

Zuletzt kommt die Säule Konsequenz. Sie ist äußerst wichtig, denn sie entscheidet über Erfolg und Mißerfolg.

Drei ethische Ansprüche

Demut ist ein Wort, das in unserem heutigen Sprachgebrauch nur noch sehr selten vorkommt. Übersetzen wir es mit Unterwürfigkeit, ist es in der Tat wenig attraktiv. Richtig verstanden, kann es aber ein wichtiger Schlüssel zum besseren Verständnis unseres Pferds sein.

Wir Menschen neigen dazu, bei Problemen die Fehler bei anderen zu suchen. Klappt es in der Kommunikation mit unserem Pferd nicht recht, ist es nicht selten der „blöde Gaul", der mal wieder etwas nicht verstanden hat. Demut meint, den Mut zu haben, sich selbst in Frage zu stellen, sein eigenes Tun zu hinterfragen. Als falsch erkannte Wege zurückzugehen und zu korrigieren. Habe ich den Mut, Fehler bei mir selbst zu suchen, finde ich meist dort auch die Lösung. Betrachte ich mich aber als das Maß aller Dinge, werden mir gerade im Umgang mit meinem Pferd viele Dinge verborgen bleiben.

Ein alter französischer Reitmeister hat einmal gesagt: „Laß Dein Pferd Dich in Demut lehren. Das heißt: Achte auf Dein Pferd, überprüfe Dein eigenes Tun, überlege, wie das, was Du gerade getan hast, bei Deinem Pferd angekommen sein muß. Wenn Du wirklich ehrlich bist, wirst Du erkennen, daß der Fehler bei Dir liegt."

Erlauben Sie mir hier eine kleine Exkursion in die Anfänge der Menschheit. Man kann zu diesen Dingen stehen, wie man will. Ich jedenfalls halte es für ein großes Vorrecht, als Mensch leben zu können, als Mensch lieben und mich an vielen schönen Dingen erfreuen zu können. Zu diesen schönen Dingen gehören die Pferde. Der Gott, an den ich glaube, hat uns über die Tiere gesetzt und sie unserer Fürsorge anvertraut. Er hat uns aber nicht über sie gesetzt, damit wir sie ausbeuten, sondern damit wir sie achten und uns um sie kümmern. Dies ist nach der Demut mein zweiter ethischer Anspruch: die Achtung vor dem Geschöpf Pferd.

Es fällt mir schwer zu glauben, daß all das Wunderbare der Welt durch Zufall entstanden sein soll. Ich glaube, daß dahinter ein großer Plan steht – ein Schöpfer, der mit viel Phantasie alle Wunder der Erde geschaffen hat, auch das Pferd. Mein dritter und zugleich wichtigster ethischer Anspruch ist also die Achtung vor diesem Schöpfer.

Ein Bibelwort wird zum Leitmotiv

„Prüfet alles, das beste aber behaltet." Diese Aussage finden wir im Neuen Testament. Sie scheint geradezu für das Ranchreiten gemacht worden zu sein. Sicher hat der Verfasser dieser Aussage, der Apostel Paulus, anderes damit im Sinn gehabt. Aber warum sollen wir uns eine alte Weisheit nicht auch für die Reiterei zunutze machen, trifft doch gerade sie den Kern des Ranchreitens.

Erinnern wir uns an die Geschichte der Ranchreiter, so bemerken wir, daß sich dieses Denken wie ein roter Faden durch alle Überlegungen rund ums Pferd zieht. Ihre Grundsätze lauten:

- reiterliche Ausrichtung nach den Werten der alten europäischen Meister;
- langsamer Aufbau und Konsequenz in der Ausbildung;
- naturorientierter Umgang mit dem Pferd;
- Offenheit für andere Reitkulturen und Übernahme von als sinnvoll und brauchbar erkannten Techniken und Gebrauchsgegenständen;
- hoher Anspruch an sich selbst und Ethik im Umgang mit dem Pferd;
- ständiges Streben nach Verbesserung, um die Qualität im Umgang mit dem Pferd zu steigern;
- Reiten als Passion und Lebenseinstellung.

Erkennen Sie sich selbst in diesen Bemühungen wieder? Für mich jedenfalls war es eine Offenbarung, als ich das erste Mal mit dem Ranchreiten konfrontiert wurde. Genau das war es, was ich seit Jahren versuchte zu praktizieren, und von dem ich wußte, daß auch viele meiner Freunde es versuchten. Hier war nun der historische Bezug, man könnte auch sagen die geistige Heimat meiner Vorstellungen vom Reiten und von der Partnerschaft mit Pferden.

Legt sich ein Pferd für mich hin, ist es ein Geschenk. Läßt es sich dabei noch auf den Rücken drehen, ist es ein besonderes Geschenk.

Die vier Säulen – das AVSK-Ausbildungskonzept

Autorität sein – die Spielregeln der Natur

Seit einigen Jahren diskutiert man in Reiterkreisen viel über das Thema Dominanz. Diese Diskussionen verlaufen oft sehr kontrovers. Dem einen erschließen sich so ganz neue Einsichten im Umgang mit seinem Pferd. Für den anderen wird Dominanz zum Reizthema oder gar zur Geschlechterfrage. In der eher leistungsorientierten Turnierreiterei scheinen solche Diskussionen dagegen erst gar nicht aufzukommen. Hier gilt: Dominanz hin, Dominanz her – das Pferd hat zu funktionieren.

Dominanz ist etwas, was viele alte und junge Pferdeleute vielleicht schon immer hatten. Manche üben sie unbewußt aus, für andere ist sie so selbstverständlich, daß sie kein Wort darüber verlieren. Ich finde es allerdings wichtig, daß wir uns über dieses Thema Gedanken machen. Schließlich geht es um etwas Fundamentales im Umgang mit Pferden.

Heute ist das Reiten zu einer Breitenbewegung geworden. Offenbar treibt eine Ursehnsucht den Menschen zum Pferd. Auch solche, die ursprünglich nichts mit Tieren und schon gar nicht mit Pferden zu tun hatten, verfallen eines Tages wie bei einer Virusepidemie dieser Sehnsucht. Die meisten dieser „Pferdekranken“ brauchen klare Informationen und Anleitungen.

Dazu gehört auch die Beschäftigung mit den Spielregeln der Natur. Eine dieser Spielregeln lautet: leiten oder geleitet werden. Man könnte auch sagen: herrschen oder beherrscht werden. Laut Duden kommt das Wort Dominanz aus dem Lateinischen und wird mit „Vorherrschen bestimmter Merkmale – Vorherrschaft haben in einem bestimmten Bereich“ übersetzt.

Der Begriff „Vorherrschen“ ist mir jedoch nicht sehr sympathisch. Auf der Suche nach einem anderen Ausdruck für „Dominanz“ fand ich „Autorität“. Dazu sagt der Duden: „Eine Autorität ist eine Persönlichkeit von hohem Ansehen.“ Das gefiel mir. Ich wollte eine Persönlichkeit werden, an der sich meine Pferde orientieren wollen, der sie sich gerne anschließen.

Kehren wir nochmals zum Thema Dominanz und Vorherrschen zurück. Ich stellte mir die Frage: Auf welche Weise kann ich die Vorherrschaft über mein Pferd erlangen? Dazu fielen mir drei Möglichkeiten ein. Die erste Möglichkeit: das Pferd durch Gewalteinwirkung zu unterdrücken und mir so gefügig zu machen. Diese Art nenne ich die negative Dominanz. Wir wissen, daß Pferde Fluchttiere sind. Ihre natürliche Veranlagung ist es, vor Dingen wegzulaufen, die ihnen Streß bereiten. Wirke ich in negativer Weise, also durch Gewalt, Schmerz, Drill oder Psychoterror auf dieses Fluchttier ein, so werde ich sein Fluchtverhalten noch verstärken. Vielleicht erziehe ich mir einen Durchgänger, auf jeden Fall aber ein Pferd, das ständig mißtrauisch, verspannt und bemüht ist, sich meiner Einwirkung zu entziehen.

Bei einem ranghohen Pferd kann es passieren, daß es diese unfaire Art der Behandlung nicht akzeptiert und zurückschlägt. Dann erziehe ich mir einen Schläger, Beißer, Steiger oder einen mit anderen Unarten behafteten Partner. So entsteht ein Verhältnis des Mißtrauens und ständigen Zweikampfs. Rangniedrige Pferde laufen Gefahr, psychisch gebrochen zu werden. Nicht umsonst wird im englischsprachigen Raum heute noch das Wort „Einbrechen“ für das Anreiten eines jungen Pferdes benutzt. Aus der Geschichte des Westernreitens wissen wir, daß Mustangs oder auch andere für die Arbeit vorgesehene Pferde oft aufs Brutalste mißhandelt wurden. Dadurch brach man ihren Willen und versuchte, sie sich zu gefügigen Werkzeugen zu machen.

Eine Auseinandersetzung zwischen Hengsten: Geraten zwei Pferde so aneinander, kann es schon mal zu schwerwiegenden Blessuren kommen.

Solchen Pferden nimmt man das Eigenleben, den Adel, die Ausstrahlung. Eine Partnerschaft kann man jedoch nicht auf Gewalt aufbauen. So entsteht niemals ein Verhältnis des Vertrauens und der Losgelassenheit.

Die zweite Art der Dominanz nenne ich Non-Dominanz. Sie ist der Versuch, eine Partnerschaft mit Pferden auf der Basis von Gleichberechtigung, Nachgiebigkeit und Toleranz zu erreichen. Lassen Sie es mich von vorneherein sagen: Eine gleichberechtigte Partnerschaft zwischen Mensch und Pferd gibt es nicht. Wer sich einigermaßen mit Pferden auskennt, weiß, daß Pferde Herdentiere sind. In jeder Herde gibt es eine Herdenstruktur oder, besser gesagt, eine Rangordnung. Es gibt Alphatiere, sprich Tiere, deren Dominanzverhalten sehr stark ausgeprägt ist. Und es gibt Betatiere, also eher rangniedrige Tiere, die sich unterordnen.

Diese Strukturen ähneln denen der menschlichen Gesellschaft. Man könnte auch sagen: In einer Pferdeherde herrschen autoritäre Strukturen. Die Herde ist eine Hierarchie, in welcher jedes einzelne Tier seinen Platz hat. Manchmal tauschen Pferde ihren Platz in dieser Hierarchie gegen einen höheren ein. Denn auch sie versuchen ständig, ihre Position in der Gesellschaft zu verbessern. Dazu tragen sie mehr oder weniger heftige Rangkämpfe aus. Trotzdem kommt es nicht in erster Linie darauf an, wo das einzelne Pferd seinen Platz in der Gemeinschaft hat. Entscheidend ist vielmehr, daß es überhaupt einen Platz oder einen Rahmen hat, in dem es geborgen ist. Dieser Rahmen setzt ihm einerseits Grenzen, bietet ihm andererseits aber auch einen Freiraum sowie Schutz und Sicherheit der Herde.

Vor einigen Jahren nahm ich ein neues Pferd in unsere Stammherde auf – eine junge, hübsche Haflingerstute. Von dieser Zeit an war es gefährlich, in die Herde zu gehen. Die Stute war den anderen Herdenmitgliedern gegenüber sehr aggressiv und versuchte ständig, die anderen Pferde zu attackieren. Wir Menschen mußten ständig damit rechnen, von einem Pferd niedergerannt zu werden, das den unerwarteten Attacken der Stute auswich.

Nach zwei oder drei Wochen kehrte plötzlich Ruhe in die Herde ein. Als ich nach dem Grund dieser Veränderung suchte, wurde mir bald klar, warum die Stute so aggressiv gewesen war. Sie hatte am Anfang nicht gewußt, wo sie hingehörte, und ihren Platz in der Herde noch nicht gefunden. Diese Unsicherheit äußerte sich bei ihr in Aggression. Als sie dann ihren Rahmen gefunden hatte und wußte, wo sie hingehörte, verschwand auch das aggressive Verhalten.

Es ist sehr spannend, Pferde in ihrem natürlichen Verhalten zu beobachten. Wenn Sie die Gelegenheit dazu haben, kann ich Ihnen dies nur empfehlen. Sie können eine Menge dabei lernen. Sie werden feststellen, daß die einzelnen Pferde sehr unterschiedliche Verhaltensweisen und Taktiken an den Tag legen. Wie auch immer diese Verhaltensweisen aussehen – fest steht, daß keine Herde ohne Hierarchie funktioniert. Diesem Naturgesetz muß ich Rechnung tragen, wenn ich mich mit Pferden beschäftigen will.

In der Pferde-Mensch-Gemeinschaft gilt das gleiche Gesetz wie in der Herde: leiten oder geleitet

Die aggressive Art des Drohens: Mit angelegten Ohren, weit geöffnetem Maul und gebleckten Zähnen attackiert dieses Pferd einen Artgenossen.

werden. Bin ich als Mensch nicht in der Lage, eindeutig die Führung zu übernehmen, wird mein Pferd mich testen. Denn es muß wissen, wo es hingehört und wo seine Grenzen sind. Das kann schon mal unangenehme oder schmerzhafte Folgen haben. Pferde sind wie Kinder, die immer wieder versuchen, ihre Grenzen auszuloten und möglichst zu erweitern. Sie tun dies auf sehr unterschiedliche Weise: die einen durch offene Aggression, die anderen durch Ignoranz, wieder andere auf freche oder gar charmante Weise. Pferde haben ein natürliches Bedürfnis nach Hierarchie. Wer als Mensch glaubt, sich darüber hinwegsetzen zu können, wird von ihnen eines Besseren belehrt.

Dusty war eine kleine, etwas pummelige New-Forest-Stute. Sie kam zu mir, weil sie nach Aussage ihrer Besitzerin ein absolutes Problempferd war, das auf übelste Weise versuchte, sie zu provozieren. Dusty tat dies, indem sie beim Reiten durchging, buckelte, stieg und immer wieder ihre Besitzerin in den Sand setzte. Da dieser Zustand nicht mehr tragbar war, sollte die kleine Stute verkauft werden. Aber wer kauft schon ein so gefährliches Tier? So blieb also nur, sie korrigieren zu lassen.

So kam sie zu mir. Ich nahm Dusty vom Hänger und brachte sie zur Weide. Dabei ging ich vorweg und wies Dusty ihren Platz deutlich hinter mir an, was sie bereitwillig akzeptierte. Am nächsten Tag be-

Die defensive Art der Drohung: Das mittlere Pferd fühlt sich bedroht und wehrt den potentiellen Angreifer mit der Hinterhand ab.

gann ich mit ihr zu arbeiten und wartete ständig darauf, daß sie auch bei mir ihr problematisches Verhalten zeigen würde. Doch nichts geschah. Im Gegenteil, das Pony war sehr angenehm im Umgang und ständig bemüht, alles richtig zu machen.

Ich stellte fest, daß Dusty ein sehr rangniedriges und unsicheres Pony war. Ich merkte aber auch, daß ihre Besitzerin noch rangniedriger und von der Persönlichkeit her nicht in der Lage war, zum Leittier für ihr Pony zu werden. Mit ihrem provozierenden Verhalten versuchte Dusty, ihre Besitzerin herauszufordern und dazu zu bewegen, endlich ihre Führungsaufgabe zu erfüllen. Ich arbeitete daraufhin in erster Linie mit Dustys Besitzerin und machte sie für ihre Führungsrolle fit. Sie besitzt Dusty heute noch.

Anders war es mit Survivior. Den hatte sich eine junge Frau gekauft, weil sie unbedingt ein schwarzes Pferd haben wollte. Sie war bei einem Welsh-Cob-Züchter fündig geworden, der ihr aber dringend von diesem Pferd abriet. Survivior war ein athletischer,

Der ehemals als schwierig geltende Wallach Survivior ist inzwischen zu einem freundlichen und menschenbezogenen Freizeitpartner geworden. Er ist unangefochtener Chef der Herde.

sehr dominanter und spät kastrierter dreijähriger Wallach. Schon früh hatte er beschlossen, daß er den Menschen eigentlich nicht brauchte. So gab es immer wieder Meinungsverschiedenheiten zwischen diesem Pferd und seinem Züchter. Da die junge Frau das Pferd aber unter allen Umständen haben wollte, fand man einen Kompromiß, bei dem der Züchter bereit war, Survivior abzugeben.

Bevor ihn die neue Besitzerin übernahm, sollte Survivior zuerst von einem Trainer ausgebildet wer-

Dieses Pferd wirft den Kopf in den Nacken, offenbar erwartet es einen Angriff von vorn. Das kleine, zusammengekniffene Maul deutet die Konfliktsituation an.

den. So kam er zu mir. In den ersten Tagen ließ er mich nicht an sich heran. Näherte ich mich ihm, ging er sofort auf Distanz. Wenn ich ihn aber nicht an die Hand bekam, konnte ich nicht mit ihm arbeiten. Also trieb ich ihn in eine kleine Koppel, um ihn räumlich besser eingrenzen zu können. Dann verfolgte ich ihn. Ich trieb ihn ungefähr eine Stunde lang von mir weg. Plötzlich blieb er stehen, schaute mich an, senkte den Kopf und fing an zu kauen. Als ich die Hand ausstreckte, kam er zu mir, stellte sich mit gesenktem Kopf neben mich und war anscheinend sehr zufrieden. Unbewußt hatte ich das gemacht, was später von Monty Roberts gelehrt wurde und was er „Join up" nannte.

In der Folge gestaltete sich die Ausbildung sehr gut. Der Schwarze lernte schnell, und das Anreiten geschah ohne Komplikation. Die Besitzerin kam häufig zu mir, wurde mit allen Ausbildungsschritten vertraut gemacht und wurde sowohl auf dem Platz als auch im Gelände auf ihrem Pferd eingewiesen. Es gab keine Schwierigkeiten.

Dann zog Survivior in seinen neuen Stall ein, einen Pensionsstall. Da es Sommer war, wurde er zu den anderen Pferden auf die Weide gestellt. Bereits nach wenigen Wochen rief mich die Besitzerin an und teilte mir mit, daß es großen Ärger gäbe. „Mein Wallach tyrannisiert den ganzen Stall", berichtete sie. Er jage die anderen Besitzer von der Weide, wenn sie ihre Pferde holen wollen. Einmal habe er sogar einen Besitzer mitsamt seinem Pferd durch den Zaun getrieben. Reiten ließe er sich auch nicht mehr. Entweder gehe er gar nicht vom Hof weg, oder er drehe unterwegs einfach um und liefe nach Hause. Kurzum: Er mache, was er wolle.

Mir war klar, was hier passiert war. Der äußerst dominante und hengstige Wallach hatte sofort die neue Herde als die eigene eingenommen. Wollte jemand ein Pferd aus „seiner" Herde holen, begann er diesen Menschen zu bedrohen. Und da er damit viel Erfolg hatte, wurde seine Position immer stärker. Zum Schluß war er kaum noch zu handhaben. „Wissende" Pferdeleute aus dem Stall meinten, ihn korrigieren zu können, indem sie ihn in eine Box sperrten und verprügelten. Natürlich ohne Erfolg. Das Problem wurde erst gelöst, als ich Survivior zu mir nahm und die Besitzerin an seiner Stelle ein weniger dominantes, etwas älteres Pferd erhielt. Er ist auch heute noch unangefochtener Herdenchef, erkennt inzwischen aber den Menschen als oberste Autorität an. Selbst Kinder können ohne Probleme mit ihm umgehen.

Auch in diesem Fall sehen wir, daß wir bald an unsere Grenzen kommen, wenn wir uns über die Spielregeln der Natur hinwegsetzen. Wer nicht leitet, der leidet.

Kommen wir zur dritten Art der Dominanz, der positiven Dominanz oder Autorität. Bei einem meiner Kurse in Süddeutschland nahmen auch einige Gehörlose teil. Das war für mich eine faszinierende Erfahrung. Eine Dolmetscherin übersetzte alle meine Erklärungen in Gebärdensprache. Als es um das Übersetzen des Begriffs „positive Dominanz" ging, kam es zu Verständigungsschwierigkeiten. Die Dolmetscherin konnte das Wort „positiv" in diesem Zusammenhang nicht übersetzen. Nach einigem Hin und Her fragte eine der Gehörlosen: Meinst Du „freundliche Dominanz"? Dieser Ausdruck traf genau den Kern.

Ich habe zu Anfang dieses Kapitels gezeigt, daß eine durch Gewalt und Unterdrückung erzwungene Unterordnung des Pferds keine Basis für eine gute Partnerschaft sein kann. Diese Art der Behandlung erzeugt Angst, Mißtrauen und Unsicherheit. Ebensowenig ist eine gleichberechtigte Partnerschaft möglich. Denn sie ist von der Natur nicht vorgesehen. Pferde brauchen eine Hierarchie, und danach haben wir uns zu richten, wenn das Miteinander stimmen soll. Wenn wir uns nicht der Verantwortung unserer Führungsrolle stellen, können wir nicht erwarten, daß unser Pferd tut, was wir von ihm verlangen. Entwickeln wir aber einen positiven Führungsstil, werden wir den Respekt unseres Pferds erhalten. Wenn wir seinen Respekt haben, bekommen wir auch sein Vertrauen. Eins bedingt das andere. Ein guter Chef orientiert sich ja auch an den Bedürfnissen seiner Mitarbeiter. Unter einem guten Chef arbeitet jeder gern. Dafür gelten die bekannten Regeln: „Wer nicht leitet, der leidet. Wer nicht leitet, wird geleitet. Nur mit einem starken Partner ist ein Pferd zu außerordentlichen Leistungen bereit."

Vertrauen – das Ergebnis der positiven Dominanz

„Vertrauen ist akzeptierte Abhängigkeit", sagt eine Redewendung. Das bedeutet: Wer vertraut, macht sich freiwillig von einem anderen abhängig, um von dessen Stärke zu profitieren. Das erklärt auch, warum Pferde in Herden leben. Hier haben sie bessere Chancen zu überleben. Anders ausgedrückt: Eine Pferdeherde ist eine Überlebensgemeinschaft. Wie wir wissen, wird diese Überlebensgemeinschaft von einem Leittier geführt, das eine verantwortungsvolle Aufgabe hat. Die Sicherheit der Herde steht und fällt mit der Qualifikation dieses Leittiers. Es führt die Herde zu den Weidegründen, an die Wasserstellen und aus Gefahren heraus. Wer sich unter den Schutz des Leittiers begibt, vertraut sich seiner Stärke an.

Das heißt aber auch, daß er bestimmte Regeln akzeptieren muß. Die Hauptregel lautet: Er muß das Leittier rückhaltlos anerkennen und sich ihm bedingungslos unterordnen. Auch ich als Mensch brauche die bedingungslose Anerkennung und Unterordnung meines Pferds. Sonst wird es mir niemals vertrauen.

Ein Pferd lernt mit System

Wenn ich meinem Kind etwas beibringen will, kann ich es ihm mit Worten erklären. Über die Sprache teilen wir uns in der menschlichen Gesellschaft einander mit und werden meist auch verstanden. Pferde verstehen keine gesprochenen Worte. Wenn ich möchte, daß mein Pferd etwas Bestimmtes lernt, muß ich also andere Wege finden, um mich ihm mitzuteilen.

Ein Pferd lernt durch eine Verknüpfung von Reiz und Reaktion in Verbindung mit bestimmten, immer gleichen Signalen. In der Reiterei sprechen wir auch von Hilfen. Sie führen beim Pferd eine Verhaltensänderung herbei. Dieser Wechsel im Verhaltensmuster kann positiv, aber auch negativ sein. Denn wenn der Mensch sich permanent auf die gleiche Weise falsch verhält, kann das Pferd ebenfalls negative Verhaltensmuster entwickeln und unerwünschte Dinge lernen.

Indem ich eine Lektion immer nach dem gleichen Schema wiederhole, festige ich sie. So stellt sich beim Pferd ein Automatismus ein, der auf ein bestimmtes Signal hin einen bestimmten Bewegungsablauf in Gang setzt. Ähnliches können wir bei uns selbst beobachten. Lernt ein Mensch Auto fahren, muß er am Anfang konzentriert und bewußt die verschiedenen Tätigkeiten miteinander koordinieren. Das muß immer wieder nach dem gleichen Muster geschehen, sonst klappt es nicht. Mit zunehmender Übung und Fahrpraxis stellt sich auch hier ein Automatismus ein. Ist die Ampel rot, bremse ich mein Fahrzeug ab, ohne darüber nachzudenken. Hat mein Auto eine bestimmte Drehzahl erreicht, schalte ich hoch, ohne auf den Drehzahlmesser schauen zu müssen usw...

Lange Zeit stand der Papierkorb in meinem Büro rechts hinter mir. Mein Müll flog regelmäßig rechts hinter mir in den Papierkorb. Aus technischen Gründen stellte ich den Papierkorb eines Tages links hinter mich. Noch lange warf ich meinen Müll rechts hinter mir auf den Fußboden – bis mein Unterbewußtsein gelernt hatte, daß der Papierkorb längst woanders stand.

Zurück zum Pferd. Bei seiner Ausbildung stellt sich die Frage: Wie verknüpfe ich Reiz und Reaktion, wie setze ich die richtigen Signale, und wie versteht mein Pferd, daß seine Reaktion richtig oder falsch war? Dazu muß ich zunächst einmal selbst wissen, was ich von meinem Pferd möchte. Ich lege also ein Lernziel fest. Dieses Lernziel kann zum Beispiel heißen: das Pferd durch Fingerdruck auf das Nasenbein rückwärtsweichen lassen.

Dazu lege ich Daumen und Zeigefinger meiner linken Hand zangenförmig über das Nasenbein meines Pferdes und beginne, einen Druck aufzubauen. Sobald mein Pferd nach hinten weicht oder nur den Ansatz dazu zeigt, nehme ich den Druck augenblicklich weg. Ich habe einen Reiz oder Impuls angebracht, den das Pferd mit der richtigen Reaktion beantwortet hat. Diese Maßnahme ist in Kapitel „Druckpunktanwendungen“ auf Seite 52-57 genau beschrieben.

Ein wichtiger Faktor bei diesen Lernvorgängen ist das richtige Timing. Nur wenn ich den Reiz bei richtig erfolgter Reaktion sofort wegnehme, kann ein Pferd beides miteinander verknüpfen. Diese Wegnahme des Reizes ist Bestätigung und Motivation zugleich. Wiederhole ich diesen Vorgang nach dem gleichen Muster, wird sich die von mir gewünschte Reaktion beim Pferd festigen und automatisieren.

Wichtig ist, daß ich meinem Pferd nach jeder korrekt ausgeführten Lektion eine kleine Denkpause gebe. Dadurch schaffe ich eine angenehme Arbeitsatmosphäre. Das Pferd wird durch die Pause belohnt und erhält Zeit, das Gelernte zu speichern. Anfangs bestätige ich jeden einzelnen Schritt auf diese Weise. Ist die Lektion gefestigt, fasse ich mehrere Schritte zusammen, die dann zu beliebig langen Reprisen gesteigert werden können.

Wichtig ist auch, daß ich meinem Pferd immer die Chance gebe, auf möglichst wenig Reizeinwirkung zu reagieren. Nur dadurch erziehe ich mir ein feines Pferd. Die Devise lautet: so wenig wie möglich, aber soviel wie nötig. Zu Beginn der Kommunikation kann es zwar nötig sein, mit starker Reizein-

Ein Pferd, das sich nicht an den Ohren anfassen lassen will, versucht aggressiv die Hand des Menschen abzuschütteln. Der Gesichtsausdruck verrät Unwillen.

wirkung zu arbeiten. Denn wenn ich auf meinen Reiz keine Reaktion erhalte, kann ich sie meinem Pferd auch nicht bestätigen. Somit lernt es nicht.

Habe ich aber die richtige Antwort auf meine Frage erhalten, nehme ich den Reiz weg und gebe meinem Pferd die erwähnte Pause. Beim nächsten Mal beginne ich dann mit minimaler Einwirkung. Habe ich richtig gearbeitet, wird mein Pferd jetzt

Hier wirkt das Prinzip der Desensibilisierung: Die Schimmelstute hat gelernt, die Hand des Menschen an ihrem Ohr zu akzeptieren. Jetzt wirkt ihr Gesichtsausdruck entspannt.

wesentlich schneller und sensibler reagieren. Egal was ich meinem Pferd beibringen will: Gute Pferdeausbildung funktioniert stets nach diesem Grundmuster.

Hier bestätigt sich einmal mehr, daß Reiten Denksport ist und nicht im Hintern, sondern im Kopf beginnt. Das angestrebte Lernziel bestimmt die Art meiner Reizeinwirkung. Möchte ich beispielsweise mein Pferd seitwärts nach rechts weichen lassen, bringe ich auf der linken Bauchseite einen Reiz an. Egal ob ich diesen Reiz mit der Hand oder mit der Gerte anbringe – das Pferd muß lernen zu weichen. So bereite ich es auf die Kommunikation mit dem Reiterschenkel vor.

Bei allem spielt das Timing eine wichtige Rolle. Es entscheidet, ob ich das Pferd für meine Hilfengebung sensibilisiere oder abstumpfe. Nehme ich den Reiz nach richtig erfolgter Reaktion nicht weg, erhält das Pferd keine Bestätigung und lernt deshalb nicht, meinen Wunsch zu erkennen. Außerdem wird es versuchen, sich vor der permanenten, unangenehmen Reizeinwirkung zu schützen. Es wird körperliche Abwehrmechanismen entwickeln, die es entweder widersetzlich machen oder abstumpfen lassen.

Ein gutes Beispiel dafür ist das Treiben mit dem Reiterschenkel, welches das Pferd zu mehr Aktion veranlassen soll. Treibe ich impulsartig und nehme ich den Impuls bei entsprechender Reaktion wieder weg, wird mein Pferd schenkelsensibel werden oder bleiben. Treibe ich dagegen ständig, so stumpfe ich es ab und muß den Schenkel künftig immer stärker einsetzen, um das gewünschte Ergebnis zu erzielen. So gerät Reiten zum Kraftsport.

Ähnlich verhält es sich, wenn man ständig kraftvoll mit dem Zügel einwirkt. Nun kann es aber Situationen geben, in denen man bewußt eine Abstumpfung, also eine Desensibilisierung herbeiführen möchte – nämlich dann, wenn das Pferd Reaktionen zeigt, die man nicht wünscht.

Nehmen wir an, Ihr Pferd läßt sich nicht an den Ohren anfassen. Immer wenn Sie diese berühren, macht es heftigste Abwehrbewegungen. Egal ob der Tierarzt kommt, ob Sie Halfter oder Zaumzeug anlegen oder Ihr Pferd nur an den Ohren putzen wollen: Sie haben ein Problem. Und immer, wenn Sie auf seine heftige Reaktion hin die Hand wegziehen, bestätigen Sie ihm, daß dieses Verhalten richtig ist, da es Erfolg damit hat. Mit der Zeit wird es immer unberührbarer. Natürlich ist dies kein zufriedenstellender Zustand.

Hier macht es Sinn zu desensibilisieren. Sie schaffen sich eine Bedingung, in der Sie Ihr Pferd gut am Kopf fixieren können. Das kann folgendermaßen aussehen: Sie ziehen Ihrem Pferd ein Halfter an, stellen sich links neben seinen Kopf und fassen mit der linken Hand in das Backenstück. Jetzt könnnen Sie den Kopf besser kontrollieren. Ihre rechte Hand legen Sie auf den Mähnenkamm, um sich dann langsam Richtung Pferdeohren hochzuarbeiten.

Nehmen Sie Ihre Hand nicht weg, wenn Ihr Pferd Abwehrbewegungen zeigt. Wenn Sie sie liegenlassen, wird es die Berührung nach einiger Zeit akzeptieren. Sobald dies geschieht, nehmen Sie die Hand aber weg oder streicheln das Pferd an der betreffenden Stelle. So lernt Ihr Pferd, daß Gegenwehr nicht zum Erfolg führt, und wird sich an die Berührung gewöhnen. Mit dieser Strategie arbeiten Sie sich immer näher an die Ohren heran, bis Sie sie anfassen können.

Dieses Beispiel macht klar, daß die Ausbildung eines Pferds immer etwas mit der richtigen Anwendung von Reiz, Reaktion und Timing zu tun hat und immer eine Gratwanderung zwischen Sensibilisierung und Desensibilisierung ist.

Zur Verdeutlichung nochmals das Beispiel der Schenkelhilfen. Bei meiner Arbeit mit verschiedenen Pferden kann ich immer wieder sehr unterschiedliche Reaktionen auf meinen Schenkeleinsatz beobachten. Manche Pferde nehmen die Schenkelhilfen des Reiters sehr fein an. Man sagt, diese Pferde haben einen guten Schenkelgehorsam und sind sehr durchlässig. Anders ausgedrückt: Mit ihnen kann man gut über den Schenkel kommunizieren. Daneben gibt es aber auch Pferde, die keinerlei oder eine sehr schlechte Reaktion auf Beinimpulse zeigen. Sie müssen also erst einmal sensibilisiert werden. Andere Pferde sind so sensibel, daß man sie kaum mit dem Bein berühren darf. Solche Pferde gelten nicht als fein geritten. Sie fliehen vor dem Reiterschenkel. Diese müssen desensibilisiert werden, bevor man mit ihnen über Schenkelhilfen kommunizieren kann.

In einem Fall mußte ich ein Pferd korrigieren, das mit seinem Hinterbein nach dem Reiterschenkel trat, sobald man diesen einsetzte. Auch hier war eine Desensibilisierung nötig.

Sicher wurde in diesem Kapitel das Thema Lernen und Lerntheorie nur unvollständig behandelt. Nach meiner Erfahrung beinhaltet es aber die wesentlichen Dinge, die man bei der Ausbildung von Pferden wissen sollte. Sie werden sich wie ein roter Faden durch alle weiteren Kapitel über praktische Pferdeausbildung hindurchziehen.

Lassen Sie mich aber im Zusammenhang mit dem Lernen die zuvor genannten Theorien weiterführen. Es geht um das Lernen durch Erfolg oder das Lernen mittels Lernverstärkung. Eine Lernverstärkung ist alles, was sich dazu eignet, eine von mir gewünschte Reaktion des Pferds zu festigen oder eine unerwünschte auszumerzen. Wir unterscheiden zwischen positiver und negativer Lernverstärkung, wobei die positive Lernverstärkung einen weitaus höheren Stellenwert einnehmen sollte. Besonders beim Einüben von neuen Lektionen ist sie von unschätzbarem Wert.

Die positive Lernverstärkung ist eine Zuwendung, oder anders ausgedrückt: eine Belohnung. Das Pferd erhält sie, wenn es eine Aufgabe gut erledigt hat. Weil Lernen mit etwas Angenehmen verbunden ist, wird das Pferd motiviert zu lernen. Die einfachste Form der positiven Verstärkung ist das Wegnehmen eines Reizes, wie ich es schon beschrieben habe.

Eine andere Art ist das verbale Lob, zum Beispiel ein langgezogenes, tiefes „Fein!“, „Gut!“ oder „Brav!“. Dabei hängt es nicht von dem jeweiligen Wort ab, ob mein Pferd es als Lob versteht, sondern davon, wie ich dieses Wort ausspreche. Die erwähnte Pause ist ebenfalls eine positive Lernverstärkung. Auch Streicheln, leichtes Klopfen, bei besonderen Lernleistungen eine Belohnung in Form einer Futtergabe und sogar, nach einer vorzüglich ausgeführten Lektion, die Beendigung der Arbeit kann als Lernverstärkung dienen. Allerdings muß die Belohnung immer in einer angemessenen Relation zur erbrachten Leistung stehen. Je selbstverständlicher das Pferd eine Lektion erbringt, um so mehr reduziere ich die Lernverstärkung wieder. Besonders mit Leckerli muß man sehr differenziert arbeiten, denn manche Pferde werden dadurch aufsässig. Bei ihnen muß eine andere Art der Belohnung eingesetzt werden.

Ein Sprichwort sagt: „Nicht bestrafen ist noch keine Belohnung.“ In gewissen Reiterkreisen hört man dagegen manchmal: „Der Bock muß funktionieren, sonst kriegt er Prügel.“ Durch diese Art der Negativzuwendung läßt sich vielleicht ein Pferd für bestimmte Leistungen abrichten, aber niemals ein motiviertes, willig arbeitendes Pferd erhalten.

Versetzen Sie sich selbst in eine ähnliche Situation. Immer wieder klagen Menschen darüber, daß man ihnen an ihrer Arbeitsstelle immer nur sagt, daß sie etwas schlecht gemacht haben. Niemals erhalten sie ein Lob für eine gute Leistung. Dabei würde es sie stark motivieren und zu besseren Leistungen herausfordern, wenn ihr Chef sie für gute Leistungen loben würde. Genauso ergeht es den Pferden.

Kommen wir zur negativen Lernverstärkung. Wenn mein Pferd Verhaltensweisen zeigt, die ich nicht möchte, muß ich diese irgendwie eliminieren. Das funktioniert nach einer recht simplen Logik. Müssen wir unserem Pferd bei der positiven Lernverstärkung alle erwünschten Verhaltensweisen angenehm machen, so geht es jetzt darum, ihm alle unerwünschten Verhaltensweisen unangenehm zu machen.

Wenn mein Pferd auf einen feinen Impuls oder Reiz nicht reagiert, muß ich diesen Reiz so lange verstärken, bis die erwünschte Reaktion kommt. Möchte mein Pferd eine einfache, ihm bekannte Arbeit nicht tun, fordere ich eine schwere, anstrengende Lektion von ihm. Anschließend gebe ich ihm die Chance, die vorher verweigerte, leichte Arbeit gut zu erledigen.

Beispiel: Ich frage mein Pferd bei unseren täglichen Trainingseinheiten nach einem kultivierten Arbeitstrab auf der langen Seite der Reitbahn. Statt dessen beginnt es, gegen meine Hand zu maulen und mir unter dem Sattel wegzurennen. Alle positiven Versuche, die Situation in den Griff zu bekommmen, nützen nichts. Also treibe ich das Pferd in einen Seitengang und lasse es ordentlich arbeiten. In der Regel wird es anschließend gern die bequemere Arbeit tun.

In anderen Situationen können verbale Sanktionen durch scharf gesprochene, kurze Laute wie „Nein!“, „He!“ oder „Laß das!“ erfolgreich sein. Die einfachste Form der negativen Lernverstärkung ist das Nichtbelohnen und Nichtbestätigen einer Leistung. Sie hat für das Pferd keine positiven Folgen und motiviert deshalb nicht.

Ein Beispiel: Ich arbeite an Zirkuslektionen und frage mein Pferd nach einem Kompliment. Es bietet mir aber nur Knien an – eigentlich schon die nächste Lektion auf der Zirkusskala. Konsequenterweise kann ich mein Pferd nicht fürs Knien belohnen, damit es nicht immer dieses falsche Ergebnis liefert, wenn ich es nach dem Kompliment frage. Bestrafen kann ich es auch nicht, denn ich möchte ja als nächstes an dieser Lektion arbeiten. Also ignoriere ich die unerwünschte Verhaltensweise, lasse das Pferd augenblicklich wieder aufstehen und frage erneut nach dem Kompliment. Erhalte ich jetzt das richtige Ergebnis, werde ich mein Pferd sehr überschwenglich loben. Meine Merksätze lauten:

„Timing ist, im richtigen Moment das Richtige tun."

„Die Kunst besteht darin, im richtigen Moment mit dem Reiz aufzuhören, um das Aufhören des Reizes zur Belohnung für die richtige Reaktion werden zu lassen."

„Nicht bestrafen ist noch keine Belohnung."

„Gelingt es dem Ausbilder nicht, durch seine Aktion eine Reaktion beim Pferd auszulösen, war seine Lektion nicht nur nutzlos, sondern schädlich."

„Von der Pike zur Piaffe – egal was ich meinem Pferd beibringen will: Pferdeausbildung findet immer nach dem gleichen Muster statt."

Konsequenz – das Mittel zum wirklichen Erfolg

Sowohl im Umgang mit Pferden als auch in allen anderen Bereichen des Lebens ist Konsequenz das entscheidende Zauberwort. Von der Konsequenz hängt meine Glaubwürdigkeit ab. Sie beginnt bei der Frage nach der Führung und sollte sich wie ein roter Faden durch die gesamte Beschäftigung mit dem Pferd ziehen. Ich kann nicht heute von meinem Pferd Respekt verlangen und morgen zulassen, daß es mich auf gröbste Weise ignoriert oder vielleicht sogar niederrennt.

Weise ich meinem Pferd beim Führen den Platz hinter mir zu und überholt es mich eigenmächtig, um selbst die Führung zu übernehmen, so nimmt es mich nicht ernst. Wenn ich jetzt nicht konsequent bin und es auf seinen Platz zurückweise, wird es weiterhin versuchen, seine Idee durchzusetzen. Das gefährdet sehr stark meine Führungsposition und somit jede weitere Beschäftigung mit meinem Pferd.

Genauso verhält es sich mit dem Erarbeiten gemeinsamer Lektionen. Nehmen wir an, ich möchte mein Pferd rückwärtsrichten. Ich gebe ihm die entsprechenden Hilfen, aber es reagiert nicht. Jetzt muß ich die Hilfen etwas deutlicher geben. Kommt immer noch keine Reaktion, muß ich überlegen, ob ich meine Frage falsch gestellt habe, und sie möglicherweise anders stellen. Wenn ich dagegen akzeptiere, daß mein Pferd die Frage nicht beantwortet, bin ich inkonsequent. Man kann nicht behaupten, daß es dabei nichts lernt – im Gegenteil, es lernt, daß es nur stur oder widersetzlich genug sein muß, um seinen Willen durchzusetzen. Gebe ich mich damit zufrieden, muß ich damit rechnen, daß es diese Taktik immer wieder anwendet.

Ich möchte mein Pferd zwei Schritte seitwärtsrichten. Also lege ich meinen linken Schenkel an, um ihn nach rechts weichen zu lassen. Im Glauben, meine Anfrage richtig verstanden zu haben, marschiert das Pferd aber nach vorne los. Wenn ich es jetzt nicht korrigiere, kann es nicht wissen, daß es meine Anfrage falsch beantwortet hat. Weil ich nicht konsequent war, hat es keine Chance, die Lektion verläßlich zu lernen. Bei solch unverbindlicher Arbeitsweise werde ich nie verläßliche Ergebnisse mit meinem Pferd erzielen.

Meine Frau Meggi besitzt eine wunderschöne Arabo-Haflinger-Stute. Zitha ist ein sehr angenehmes Pferd, das gerne und gut lernt und fein zu reiten ist. Zitha beherrscht auch sehr schöne Zirkuslektionen. Manchmal neigt sie allerdings ein wenig zur Bequemlichkeit. Eines Tages wollte Meggi mit ihr im Roundpen arbeiten. Zitha war das aber viel zu anstrengend. Also kam sie in die Mitte des Zirkels und bot Meggi freiwillig eine ganze Palette Zirkuslektionen an. Sie ging ins Kompliment, kniete hin, legte sich ab und blieb neben meiner Frau liegen.

Vor lauter Rührung registrierte Meggi nicht, daß dies eine Finte von Zitha war, um sich vor der anstrengenden Laufarbeit im Roundpen zu drücken. Auch das kann dem Menschen mit Pferden passieren. Wenn er dann nicht konsequent seine Erwartungen einfordert, kann es sein, daß ihn sein Pferd auch künftig auf die Schippe nimmt.

Sie sehen, wie wichtig Konsequenz ist. Ohne sie ist kein erfolgreicher Umgang mit Pferden möglich. Nur wenn Sie konsequent sind, weiß Ihr Pferd, woran es ist und was von ihm erwartet wird. Nur dann kann es seine Aufgaben gut erfüllen und zugleich Bestätigung und Motivation erhalten.

Mein Merksatz lautet: Wenn Du Dein Pferd etwas fragst, dann erwarte auch eine Antwort. Frage aber so, daß Du die Antwort erhältst, die Du erwartest. Erhältst Du keine Antwort, mußt Du Deine Frage deutlicher stellen oder umformulieren. Sonst wirst Du unglaubwürdig.

Wer nicht plant, der plant den Fehlschlag

Der Ausbildungsprozeß

In diesem Kapitel möchte ich ein Modell vorstellen, das uns helfen kann, Pferdeausbildung bewußt und systematisch aufzubauen. Dazu benutze ich einen kybernetischen Regelkreis. Die Kybernetik ist die Wissenschaft von den Regel- und Steuerungsvorgängen. Dieser Regelkreis wird auch in anderen Bereichen des Lebens als Lernhilfe oder zur Problembewältigung eingesetzt. Ich habe ihn für die Pferdeausbildung modifiziert.

Wahrscheinlich werden Sie schon eine klare Vorstellung davon haben, was Sie mit Ihrem Pferd machen wollen, und auch, wie Sie es anfangen. Möglicherweise werden Sie dann feststellen, daß Sie bereits das tun, was ich mit diesem Regelkreis beschreiben möchte.

Andere unter Ihnen bemühen sich vielleicht krampfhaft, mit ihrem Pferd weiterzukommen. Sie haben aber keine klare Vorstellung davon, was sie wollen, und somit auch nicht, wie sie dorthin kommen. Jemand hat einmal gesagt: „Wer nicht weiß, wohin er will, braucht sich nicht zu wundern, wenn er ganz woanders ankommt." Für diejenigen, die Probleme mit ihrer Zieldefinition und Wegführung haben, kann dieses Kapitel ein Wegweiser sein.

Stellen Sie sich den kybernetischen Regelkreis wie eine Torte mit sechs gleich großen Stücken vor. Jedes Stück hat seine eigene, wichtige Funktion und ist unverzichtbarer Bestandteil des Ganzen.

Der Regelkreis

Der erste Teil befaßt sich mit der Informationssammlung und ist sowohl die Arbeitsgrundlage für die gesamte Lernplanung als auch für die Durchführung der einzelnen Lernschritte. Im Verlauf der Ausbildung wird sich zeigen, daß immer wieder auf diesen ersten Teil zurückgegriffen werden muß. Eine umfassende und genaue Informationssammlung ist somit das Fundament jeder Ausbildungsplanung.

Im zweiten Teil geht es um das Erkennen von Grenzen, die mir das in Teil eins beschriebene Pferd setzt. Zum anderen geht es aber auch um die Möglichkeiten, die das Tier mir durch sein besonderes Wesen bietet.

Vor einiger Zeit wurde mir in einem Kurs von einer Dame berichtet, die in Friesenpferde vernarrt war. Folglich kaufte sie sich einen Friesen. Eine andere Leidenschaft dieser Dame war das Springreiten. Und so versuchte sie, den Friesen für den Springsport auszubilden. Sie können sich sicher vorstellen, daß sie hierbei sehr schnell an ihre Grenzen stieß. Andererseits bieten sich Friesenpferde aber wunderbar für andere Dinge an. Einige von ihnen faszinieren immer wieder in den Lektionen der klassischen Dressur. Bei Zirkuslektionen oder im Fahrsport sind sie ebenfalls gut zu gebrauchen. Genauso käme kein Mensch auf die Idee, einen Araber zum Holzrückepferd auszubilden. Falls doch, hätten beide keine Freude daran. Denn dafür ist der Araber nicht geschaffen. Sehr wohl ist er aber prädestiniert fürs Distanzreiten, für die Freiheitsdressur oder auch als Freizeitpferd.

Mir fällt auf, daß vor allem Freizeitreiter manchmal nach sehr sonderbaren Kriterien Pferde kaufen. Die einen entscheiden sich für ein Pferd, weil es gerade in der Nachbarschaft steht und billig zu haben ist. Andere kaufen ein Pferd, weil es zum Schlachter soll – ein ehrenwerter Grund. Für die nächsten dienen die schönen blauen Augen, die attraktive Scheckfarbe oder der treue Blick als Auswahlkriterium. Oft fangen so die Probleme an. Jetzt überlegt sich der neue Pferdebesitzer nämlich, was er eigentlich mit seinem Pferd machen möchte. Schließlich merkt er, daß das Pferd und seine Vorstellung gar nicht zusammenpassen. Wenn er trotzdem versucht, beides passend zu machen, plagt er sich manchmal unbändig. Glücklich wird dabei weder das Pferd noch der Reiter.

Zwar entwickeln sich die Ansprüche eines Pferdemenschen oft erst im Laufe einer längeren Pferd-Mensch-Beziehung. Aber es ist dennoch sinnvoll, zuerst zu überlegen, was man mit einem Pferd machen möchte, um anschließend auf dieser Grundlage das passende Tier zu suchen. Das frühzeitige Erkennen von Grenzen hilft, Kräfte zu sparen, die ich sonst vielleicht für Unmögliches vergeuden würde. Wenn der Besitzer über seine Möglichkeiten und die seines Pferds Bescheid weiß, hat er oft schon einen wesentlichen Teil des Ausbildungswegs bewältigt. Dann ist die Chance, daß beide zusammen gute Leistungen bringen, groß.

Im ersten Teil des kybernetischen Regelkreises haben wir erfaßt, was wir haben. Im zweiten Teil haben wir uns bewußt gemacht, was wir damit anfangen können oder auch nicht. Im dritten Teil legen wir jetzt ein Lernziel fest, das unsere praktische Arbeitsgrundlage sein wird. Ich definiere ein Fernziel – gemäß dem oben zitierten Grundsatz „Wenn ich nicht weiß, wohin ich will, darf ich mich nicht wundern, wenn ich ganz woanders ankomme." Noch bevor ich mit irgendeiner praktischen Übung beginne, muß mir mein Fernziel klar sein. Denn aus ihm ergeben sich die Nahziele, die ich erreichen muß. Umgekehrt bleibe ich stets auf dem Weg zum Fernziel, wenn ich mich am jeweiligen Nahziel orientiere. Wenn ich ein Nahziel erreiche, weiß ich, daß ich auf dem richtigen Weg bin. Es dient mir zugleich als Kontrolle und als Motivation.

In Teil 4 des kybernetischen Regelkreises, der Lernplanung, werden die einzelnen Lernschritte exakt geplant und die Übungen praktisch vorbereitet. Dabei ist es hilfreich, wenn ich in meinem Kopf einen Film „drehen" kann, der möglichst alle Details der nachfolgenden Lektion enthält. Auf diese Weise optimal vorbereitet, kann es in Teil 5 an die praktische Durchführung der Lektion gehen. Dies ist sozusagen das Kernstück der gesamten Ausbildung. Die Qualität der Ausbildung hängt von der Art und Weise ab, in der die geplante Maßnahme durchgeführt wird.

Bevor der gesamte Prozeß nun von vorne beginnt, wird in Teil 6 des kybernetischen Regelkreises der Erfolg der Lektion beurteilt. Diese Beurteilung ist unverzichtbar. Sie zeigt uns, ob wir das Nahziel erreicht haben oder ob eine Korrektur einzelner Schritte notwendig ist. Wenn ein Nahziel erreicht ist, sollten wir nicht gleich zum nächsten eilen. Denn ein dauerhafter Lernerfolg stellt sich nur dann ein, wenn wir eine Lektion öfter wiederholen. Doch Vorsicht: Wer dauernd das gleiche übt, verdirbt sein Pferd. Man hat festgestellt, daß eine etwa dreimalige Wiederholung bei Pferden zum optimalen Lernerfolg führt. Häufigere Wiederholungen machen wenig Sinn.

Eine weitere Erkenntnis: Bei täglicher Wiederholung lernt ein Pferd eine Lektion nicht schneller, als wenn man sie nur etwa dreimal wöchentlich mit ihm übt. Wenn eine Lektion negativ beurteilt wird, gilt ihre Durchführung als gescheitert oder teilgescheitert. In diesem Fall muß ich erneut eine Bestandsaufnahme machen und mich fragen:

Warum ist die Lektion gescheitert? (Teil 1 des kybernetischen Regelkreises). Was lerne ich daraus? Habe ich irgendwelche Grenzen nicht erkannt? Gibt es andere Möglichkeiten? (Teil 2). Muß ich unter den erkannten Umständen mein Nahziel anders stecken, vielleicht kleiner? (Teil 3).

Was muß ich in der Planung der Lernschritte ändern, und wie sieht die geänderte Lektion praktisch aus? (Teil 4). Wie führe ich die neu definierte Lektion durch? (Teil 5).

Wie beurteile ich diese Durchführung, und wie lege ich danach den weiteren Verlauf fest? (Teil 6).

Wenn wir mit unseren Pferden immer nur irgend etwas irgendwie tun, ist auch das Ergebnis bekanntlich irgend etwas irgendwie. Konkrete Ergebnisse sind damit nicht zu erzielen. Der kybernetische Regelkreis kann uns davor bewahren und Hilfestellung zu einem zielorientierten Arbeiten mit unseren Pferden bieten.

Ein Fundament legt man am Boden

Mein tägliches Handwerkszeug: das Knotenhalfter und ein langes Arbeitsseil.

Sinnvolle Hilfsmittel

Zu einem guten Handwerk gehört das richtige Handwerkszeug. In der Anfangszeit meiner Reiterei war dieses Thema schnell abgehakt. Zum Führen oder Anbinden nahm man ein Stallhafter, zum Reiten eine Trense und zum Draufsitzen einen Vielseitigkeitssattel. Sehr viel mehr hatte der Markt ehemals nicht zu bieten.

Heute ist der Reiter mit zahlreichen Angeboten an Hilfsmitteln und Ausrüstungsgegenständen oft überfordert. Welches Führsystem benutze ich bei der Bodenarbeit? Welche Zäumung ist für welches Problem, welches Pferd und welchen Verwendungszweck geeignet? Welcher Sattel ist der richtige? Darf ich überhaupt Sporen benutzen, und wenn ja, welche? Die Frage nach dem richtigen Equipment könnte man endlos fortsetzen.

Oft werden mit den Hilfsmitteln entsprechende Philosophien verkauft, die zusätzlich für Verwirrung sorgen. Sie sehen also die zwei Seiten der Medaille. Einerseits ist es praktisch, wenn man viele Wahlmöglichkeiten hat. Andererseits ist damit oft auch die Qual der richtigen Entscheidung verbunden. Grundsätzlich gilt beim Ranchreiten die Maxime: von allem das Beste. Das Beste bedeutet nicht unbedingt das Teuerste, sondern das, womit Pferd und Reiter am besten zurechtkommen. Das Beste ist das, was pferdegerecht, sinnvoll, praktisch und bequem ist. Um es zu finden, muß man wählen, prüfen und sich entscheiden. Dabei sind es am Ende oft die einfachen Dinge, die sich als am sinnvollsten erweisen.

Durch meine langjährige Arbeit mit Pferden und durch das Ausprobieren verschiedener Stile und Techniken habe ich ein eigenes System entwickelt, das Elemente aus den unterschiedlichsten Pferdesportrichtungen enthält. Ich möchte hier nicht alle auf dem Markt befindlichen Möglichkeiten aufzäh-

Die seitlich eingeknoteten Ringe am Knotenhalfter „Duo“ haben einen doppelten Nutzen: Man kann es für die Bodenarbeit und als Sidepull verwenden. Am Kontaktstock (unteres Foto) ist ein kleines Seil angebracht.

len, sondern Ihnen berichten, wie, womit und warum ich so mit den Pferden arbeite. Diese Arbeit entwickelt sich fortwährend weiter.

In diesem Kapitel soll es um die Bodenarbeit gehen. Wie die Überschrift schon verrät, ist die Bodenarbeit das Fundament für alle Arbeit mit Pferden. Man sagt: „Die Dinge klärt man am Boden oder nie." In der Tat bereite ich die entscheidenden Aspekte der Kommunikation mit dem Pferd am Boden vor und kläre sie dort.

Ich möchte Ihnen einige einzelne, kleine Bausteine vorstellen, mit denen Sie immer wieder die wichtigsten Themen bei Ihrem Pferd ansprechen und klären können. Dabei arbeiten Sie immer an den Grundfragen wie Autoritätsaufbau, Kommunikation und Gymnastizierung. Später werden diese Bausteine zu Elementen zusammengesetzt, die in ihrer Summe das vollständige Bauwerk Pferdeausbildung ausmachen.

Für diese Basisarbeiten ist kein großes Repertoire an Hilfsmitteln nötig. Ich benütze ein Knotenhalfter in Verbindung mit einem etwa 16 Millimeter dicken und vier Meter langen Seil. Als Ergänzung kann man einen sogenannten Kontaktstock einsetzen, an dessen Ende ein sechs bis acht Millimeter dickes und etwa 180 Zentimeter langes Seil befestigt ist. Das Knotenhalfter ist nach einem bestimmten Knüpfverfahren aus einem Seil geknotet. Es ist aus sechs Millimeter dickem Material hergestellt. Seinen Ursprung hat es in Amerika, wo es schon zu Pionierzeiten eingesetzt wurde. Bereits in der zweiten Hälfte des 19. Jahrhunderts meldete ein Mr. Hibbert Patentrechte auf seine Herstellung an. Deshalb wird es dort auch Hibberthalfter genannt.

Als Neuerung ließ ich mir in die Knoten, die links und rechts des Nasenbandes liegen, Ringe von etwa drei Zentimeter Durchmesser einknoten. In diese Ringe kann ich die Zügel einhängen. So kann ich mein Pferd besser seitwärts biegen und kontrollieren. Das Führseil zu diesem Halfter bestand ursprünglich aus dicker Baumwolle oder anderem Naturmaterial. Heute benutzt man meist synthetische Seile aus dem Seglerbedarf. Am Ende hat das Führseil eine zehn bis fünfzehn Zentimeter lange Lederklatsche. Der Kontaktstock ist 120 Zentimeter lang und etwa fingerdick. Das daran befestigte Seil hat ebenfalls eine Lederklatsche. Der Stock kann als verlängerter Arm des Ausbilders eingesetzt werden. Das dünne Seil ist eine abgespeckte Version des Führseils.

Dieses Hilfsmittel ermöglicht mir, über weitere Entfernungen mit meinem Pferd zu kommunizieren. Später werden je nach Aufgabenstellung andere Hilfsmittel verwendet. Mit ihnen werden wir uns in den entsprechenden Kapiteln beschäftigen.

Natürliche Führpositionen

In herkömmlichen Reitställen oder -schulen lernen wir, daß man ein Pferd in Höhe der linken Schulter führt. Die Begründung stammt aus der Militärreiterei. Für das Gelingen unserer Partnerschaft ist es entscheidend, daß ich der Kopf dieser Beziehung bin. Um dies meinem Pferd in verständlicher Weise zu demonstrieren, muß ich mich an seine Spielregeln halten. In der Natur gibt es zwei Arten von Leittieren. Da ist zum einen die Leitstute, die die Herde von vorne anführt, und zum anderen der Leithengst, der seine Herde vor sich hertreibt. Beide sind Leittiere, haben aber unterschiedliche Funktionen. Beide demonstrieren durch die für sie typische Position zur Herde ihren Führungsanspruch.

Die Position des rangniederen Tiers befindet sich dagegen auf Höhe der Schulter des Leittiers oder dahinter. Falls ein rangniederes Tier diese Position mißachtet, gilt das als Anmaßung und Respektlosigkeit und wird sofort geahndet. Aus diesen Beobachtungen sollten wir lernen. Egal ob ich mein Pferd zur Weide bringen, es putzen oder mit ihm arbeiten will – immer muß ich es zunächst holen und dabei führen. Tue ich dies auf Höhe der linken Schulter, so begebe ich mich freiwillig in die Position des rangniederen Tiers. Mit anderen Worten: Ich biete meinem Pferd die Führungsposition an. Verhalte ich mich beim Führen aber wie ein rangniederes Tier, so kann ich nicht von meinem Pferd erwarten, daß es mich bei anderen Gelegenheiten als Führungsautorität anerkennt.

Also schlüpfe ich, je nachdem, was ich mit meinem Pferd tun möchte, in eine der beiden Positionen der Leittiere. Beim Führen wähle ich die Position der Stute. Bei anderen Arbeiten wie zum Beispiel dem Longieren oder im Roundpen entscheide ich mich eher für die treibende Rolle des Hengstes. Wenn ich mich an diesen natürlichen Vorgaben orientiere und sie überzeugend umsetze, erhalte ich den Respekt meines Pferds. Wesentliche Dinge zwi-

Hier wird dem Pferd beigebracht, auf die Körpersprache des Menschen zu achten. Es lernt sozusagen, seinen Vordermann zu respektieren (siehe dazu auch das Foto auf Seite 32).

schen den Pferden und mir kläre ich allein dadurch, daß ich die an den natürlichen Verhältnissen orientierte Führposition konsequent anwende.

Vor einigen Jahren rief mich eine besorgte Mutter an, die ihrer Tochter eine vierjährige Fjordstute gekauft hatte. Maika war ein ganz nettes Tier, nur beim Reiten kam es mitunter zu Turbulenzen. „Dieses Pferd geht zwar nicht durch", so die Erklärung der Mutter, „aber es läßt sich auch nicht anhalten." Eine besondere Taktik von Maika war es, in den Wald zu laufen und ihre junge Reiterin an den tiefhängenden Ästen der Bäume abzustreifen. In der Tat verhielt sich Maika wie ein Bergepanzer: Sie marschierte los, nichts konnte sie aufhalten.

Zuerst mußte Maika bei mir lernen, die Rangordnung einzuhalten. Sie sollte akzeptieren, daß ich die Führung von vorn übernehme. Bisher war sie immer diejenige, die beim Geführtwerden die Richtung vorgab. Sie zog den Menschen einfach am Leitseil hinter sich her. Ich stattete sie mit einem Knotenhalfter und einem langen Leitstrick aus und ging mit ihr los. Dabei achtete ich darauf, daß sie hinter mir blieb.

Es gibt verschiedene Möglichkeiten, drängelnde Pferde hinter sich zu halten. Bei Maika setzte ich sehr bewußt und impulsiv meine Körpersprache ein. Das geht so: In einem geeigneten, für das Pferd unerwarteten Augenblick halte ich ruckartig an. Dabei ramme ich meinen Absatz mit Energie in den Boden. Gleichzeitig reiße ich meine Schultern hoch und mache mich vor dem Pferd groß. Auf diese impulsive Einwirkung reagieren Pferde sehr gut. Fast alle stoppen sofort. Das ist die Sprache, die sie kennen und verstehen. Maika war so beeindruckt, das sie vor Schreck hinter mir auf die Knie fiel. Für sie war es ein sehr heilsamer Eindruck, der mir viel Respekt einbrachte.

Als erste Lektion muß jedes Pferd bei mir lernen zu akzeptieren, daß ich vorweggehe. Dabei drehe ich ihm den Rücken zu. Allerdings beobachte ich

Hier wende ich das „defensive Drohen“ an, um das Pferd gezielt rückwärtsweichen zu lassen (siehe dazu auch das Foto auf Seite 30).

das Tier zu Beginn der Führübungen aus den Augenwinkeln. Denn ich weiß nie, wie ein fremdes Pferd auf die Anforderungen reagiert. Würde ich bei dieser Übung rückwärtsgehen, so könnte bei meinem Pferd der Eindruck entstehen, daß ich vor ihm weiche. Das hätte dann wieder einen negativen Einfluß auf meine Anerkennung als Leittier.

Wenn die Lektion zwei- oder dreimal geklappt hat, hat das Pferd in der Regel verstanden, wer das Sagen hat. Jetzt schenkt es mir seine volle Aufmerksamkeit. Das ist wichtig, denn es soll durch die Übungen auch lernen, sich auf mich zu konzentrieren, sich nach meinen Vorgaben zu richten und Verantwortung zu übernehmen. Ich möchte mir einen „Nachfolger“ heranziehen. Auch hier ist wichtig, daß das Pferd immer wieder eine Denkpause bekommt. In dieser Pause muß auch mein eigener Körper entspannt sein. Stoppt mein Pferd gut und spontan auf mein Kommando, versuche ich, es rückwärtszurichten. Dabei mache ich mich wieder groß, nehme also eine bedrohliche Haltung ein. Jetzt gehe ich mit großen, akzentuierten Schritten rückwärts auf das Pferd zu, um es vor mir weichen zu lassen. Hierdurch erhöht sich seine Aufmerksamkeit, und ich werde zusätzlichen Respekt erhalten.

Ähnliches können wir in einer Herde beobachten, wenn ein Pferd dem anderen eindeutig zu dicht auf die Pelle rückt. Das bedrohte Pferd zeigt dem anderen die Hinterhand. Wenn das keinen Erfolg hat, hebt es drohend ein Hinterbein. Als nächstes kommt das Austreten mit beiden Hinterbeinen.

Wichtig ist, daß ich bei diesen Übungen mein Pferd wirklich am Seil habe. So kann ich verhindern, daß es sich plötzlich zu einem Schlagabtausch mit mir herumdreht. Dabei hätte ich auf jeden Fall die eindeutig schlechteren Karten.

Wichtig ist auch, daß das Pferd nicht zu dicht hinter mir läuft. Ich achte darauf, daß es wenigstens zu Beginn der Übungen mindestens zwei Meter hinter mir bleibt. Erstens hebt das meine Führungsrolle deutlicher hervor. Zweitens kann das Pferd so meine Aktionen wahrnehmen. Zwar haben Pferde ein sehr gutes Gesichtsfeld und können fast 360 Grad einsehen, aber es gibt zwei Ausnahmen: direkt hinter dem Schweif und direkt vor der Stirn. Durch den größeren Abstand sieht das Pferd besser, außerdem räume ich ihm so einen größeren Reaktionsweg ein und verhindere, daß es mir beim Stoppen in den Rücken läuft.

Es kann hilfreich sein, diese Lektionen entlang eines Zauns oder einer Bande zu üben. Dadurch kann man das Pferd zumindest nach einer Seite hin besser begrenzen und einrahmen. Es ist erstaunlich, wie aufsässige oder respektlose Pferde allein durch diese Übungen ihr Verhalten ändern. Nicht selten beobachte ich, daß sich solche Pferde plötzlich in drei Meter Entfernung von mir abstellen lassen und in entspannter Körperhaltung, mit gesenktem Kopf und seitwärts gestellten Ohren geduldig darauf warten, was als nächstes dran ist. Oft habe ich dann den Eindruck, als wollten sie mir sagen: Wie geht es mir doch so gut! Ich weiß jetzt, wo ich hingehöre.

Ich habe aber noch weitere Möglichkeiten, meine Führungsposition zu behaupten. Die simpelste: Immer wenn das Pferd mich überholen möchte, ändere ich einfach die Richtung. Schon ist es wieder hinter mir. Ein simpler Trick, den das Pferd nicht durchschaut, der mich aber immer wieder in die Führungsposition bringt. Auch so kann ich manche Pferde beeindrucken und ihren Respekt erhalten. Oder ich lasse das Ende meines langen Seils propellerartig neben mir kreisen. Immer wenn das Pferd an mir vorbei möchte, läuft es in den rotierenden Propeller, bekommt einen Klaps auf die Nase und bestraft sich dadurch selbst. Bald wird es hinter mir bleiben.

So parken Sie Ihr Pferd perfekt

Kennen Sie das? Sie wollen Ihr Pferd putzen oder zum Ausritt fertigmachen. Dazu binden Sie es an und holen Ihr Putzzeug. Ihrem Pferd paßt es nicht, daß es ein paar Augenblicke angebunden warten soll. Es fängt an, seinem Unwillen durch allerhand

Erziehungsarbeit am Anbindebalken: Durch akustische Reize, Körpersprache und Impulse des Seils soll diesem Pferd das Herumzappeln unangenehm gemacht werden.

Der Braune ist ordentlich geparkt und erhält das Kommando zum Stehen. Aufmerksam verfolgt er die Anweisungen des Ausbilders.

Ungezogenheiten Ausdruck zu verleihen. Es tanzt hin und her, wiehert ärgerlich und scharrt mit den Hufen. Schließlich tritt es auch noch über das Anbindeseil. Jetzt ist der Streß perfekt.

Eine andere Situation: Sie gehen mit Ihrem Pferd spazieren. Im Wald begegnet Ihnen ein Spaziergänger. Es entwickelt sich ein nettes Gespräch. Währenddessen beginnt Ihr Pferd, am Seil zu zerren, nach den spärlichen Grasbüscheln am Wegrand zu schnappen oder Sie von hinten mit dem Kopf zu schubsen. Ein entspanntes Gespräch ist kaum möglich. Oder die berühmte Situation: Sie wollen reiten. Ihr Pferd ist gesattelt, aber immer, wenn Sie aufsteigen wollen, marschiert es einfach los.

Solche Verhaltensweisen sind ärgerlich. Sie geben aber auch Aufschluß darüber, daß es noch einige Erziehungsdefizite gibt. Sie können Ihrem Pferd keinen größeren Gefallen tun, als es anständig zu erziehen. Grundsätzlich gilt: Eine gute Erziehung ist Lebenshilfe für Mensch und Pferd. Für den Menschen, weil ein unerzogenes Pferd Sie viel eher in gefährliche Situationen bringt als ein gut erzogenes. Für das Pferd, weil kein Mensch ein unerzogenes Pferd haben möchte. Unerzogene Pferde wandern von einer Hand in die andere. Weil sie schwierig oder gefährlich sind, werden sie wiederum von den Menschen schlecht behandelt. Das macht sie auch nicht umgänglicher. Der soziale Abstieg ist vorbestimmt. Nach mehr oder weniger langen Leidenswegen landen solche Pferde schließlich beim Schlachter. Dann haben sie eine verpfuschte Karriere hinter sich – aber nur deshalb, weil die Menschen ihre Hausaufgaben nicht richtig gemacht haben.

Auch hier gilt: Die Verhältnisse entscheiden sich an den einfachen Dingen. Achte ich bei den scheinbar banalen Alltagsverrichtungen nicht darauf, daß die Spielregeln eingehalten werden, so werden auch alle schwierigeren Anforderungen in Frage gestellt werden. Das Zauberwort heißt Konsequenz. Eine Faustregel bei der Pferdeerziehung lautet: Tut Dein

Konsequenz heißt, jeden unerlaubten Schritt sofort zu korrigieren. Erfolgt das immer nach demselben Prinzip, wird das Pferd schnell lernen, daß ihm der unerlaubte Schritt keinen Nutzen bringt.

Pferd das, was Du von ihm verlangst, so mache es ihm angenehm. Tut es dagegen Dinge, die Du nicht möchtest, so mache sie ihm unangenehm. Bleibt die Frage, wie man diese Faustregel in der Praxis umsetzen kann.

Erinnern wir uns an die Situation, daß Sie mit Ihrem Pferd spazierengehen und dabei in ein Gespräch verwickelt werden. Angenehm wäre es, wenn Sie das Pferd für die Dauer des Gespräches in der Nähe abstellen könnten. Dabei sollte es diszipliniert und entspannt warten, bis es zum Weitergehen aufgefordert wird. Wenn Ihr Pferd Ihnen dieses Verhalten nicht von alleine anbietet, sollten Sie es trainieren. Dazu nehmen Sie Ihr Pferd, statten es mit Knotenhalfter und langem Seil aus und suchen sich einen geeigneten Platz. Jetzt stellen Sie es ab und geben ihm das deutliche Kommando: Steh!

Warten Sie einen Augenblick, gehen Sie dann immer weiter von Ihrem Pferd weg. Sobald es versucht, sich von der Stelle zu rühren, müssen Sie sehr vehement auf das Pferd zugehen. Gleichzeitig schütteln Sie das Seil intensiv und senden so unangenehme Impulse auf seinen Nasenrücken. So schicken Sie es wieder auf seinen Platz zurück. Jetzt geben Sie erneut das Kommando „Steh"!, diesmal aber wesentlich nachdrücklicher. Wenn Ihr Pferd am gewünschten Platz steht, sind Sie entspannt und freundlich. Sobald es diesen Platz verläßt, werden Sie unangenehm und schicken es dorthin zurück. Mit der Zeit wird es die Ruhe schätzen lernen, die Sie ihm gönnen, wenn es am gewünschten Platz stehenbleibt. Wichtig ist, daß Sie Ihr Pferd sofort zurückschicken, sobald es auch nur einen Schritt von seinem Platz weg tut. Denn nach dem ersten Schritt kommt der zweite, dann der dritte, und bald steht es Ihnen wieder auf den Füßen...

Lassen Sie grundsätzlich nicht zu, daß Ihr Pferd am Gras rupft, wenn Sie es führen oder wenn es neben Ihnen stehen soll. Ein grasendes Pferd hat die Angewohnheit, dem Gras nachzulaufen. Wenn Sie ihm das erlauben, werden Sie mit dieser Lektion keinen Erfolg haben.

Ähnlich gehen Sie vor, wenn sich Ihr Pferd schlecht benimmt, während es angebunden ist. Neben dem Anbindeseil haben Sie noch das lange Führseil am Halfter. Wenn Ihr Pferd diszipliniert steht, lassen Sie es in Ruhe. Doch sobald es ungezogen wird, werden Sie unangenehm. Dazu können Sie wiederum das Seil schütteln. Manchmal kann man es auch mit Geräuschen sanktionieren. In einem Fall habe ich ein Pferd folgendermaßen behandelt: Immer wenn es anfing, Unsinn zu machen, schlug ich mit einer Gerte auf die Bretterwand des Stalls. Das knallende Geräusch war ihm so unangenehm, daß es umgehend mit dem Unsinn aufhörte.

Am Anfang des Trainings muß das Pferd Sie sehen können. Aber es muß auch lernen, sich während Ihrer Abwesenheit diszipliniert zu verhalten. Dazu verschaffen Sie sich eine Möglichkeit, Ihr Pferd im Auge zu behalten, ohne daß es Sie wahrnimmt. Stellen Sie sich hinter eine Wand, hinter eine Ecke oder in den Stalleingang. Von hier aus können Sie auf Ihr Pferd einwirken, ohne daß es Sie sieht. So lernt es, sich auch während Ihrer Abwesenheit anständig zu benehmen.

Will Ihr Pferd beim Aufsteigen nicht stehenbleiben, gehen Sie folgendermaßen vor: Satteln und zäumen Sie es. Unter das Zaumzeug ziehen Sie das Knotenhalfter, wieder in Kombination mit dem langen Seil. Sie suchen sich einen geeigneten Platz und beginnen, das Aufsitzen zu üben. Dabei haben Sie das Führseil in der linken Hand und halten mit ihm losen Kontakt zum Pferd. Immer wenn das Pferd versucht wegzugehen, fordern Sie das Pferd zum Stehenbleiben auf, indem Sie am Seil rucken. Bleibt es stehen, so gönnen Sie ihm eine kurze Pause und beginnen von neuem mit dem Aufsitzen. Sie sollten so intensiv mit dem Seil einwirken, wie es das Verhalten des Pferds erfordert. Auch hier gilt: so wenig wie möglich, aber soviel wie nötig. Sind Sie bereits halb aufgesessen und Ihr Pferd beginnt loszugehen, so gleiten Sie sofort wieder herunter und beginnen erneut mit Ihrer Erziehungsmaßnahme. Nur wenn Sie konsequent vorgehen, erhalten Sie konkrete Ergebnisse. Nur so wird Ihr Pferd lernen, daß es viel bequemer ist, beim Aufsitzen stehenzubleiben, als ständig davonzulaufen.

Wenn Sie ohne Zwischenfälle aufgesessen sind, sollten Sie nicht gleich losreiten. Bleiben Sie eine Weile auf dem Pferd sitzen, streicheln Sie es am Hals. Wenn Sie jetzt wieder absteigen und das Training beenden, hat Ihr Pferd viel gelernt.

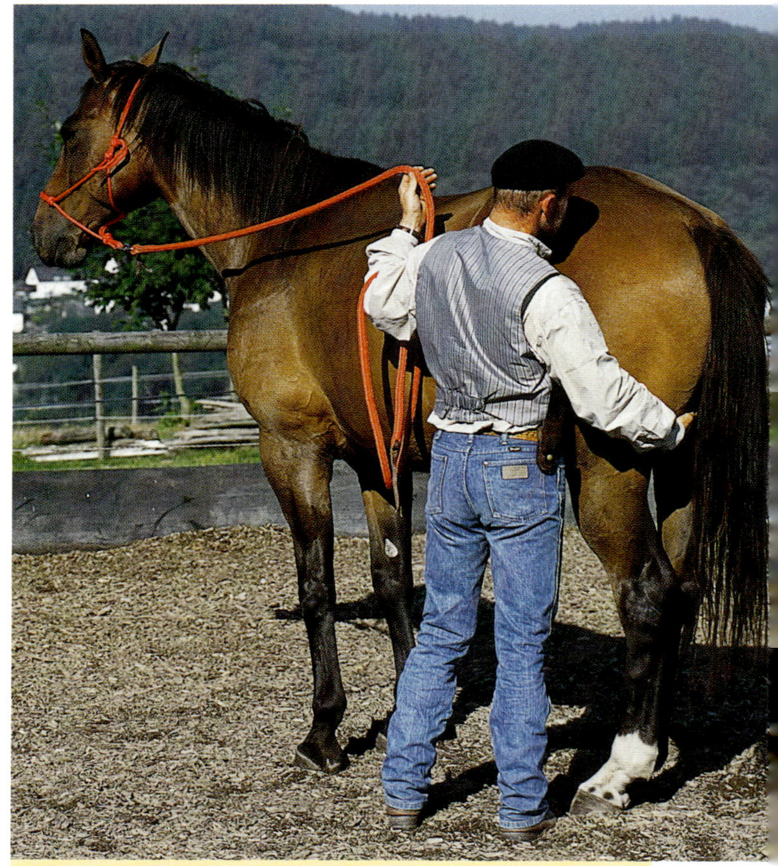

Bei der Arbeit an der Hinterhand darf man die Sicherheitsaspekte nie aus dem Auge verlieren. Wichtig sind die Kontrolle des Kopfs und eine seitliche Position.

Das Bedürfnis nach Sozialkontakt

Als Herdentiere sind Pferde auf Sozialkontakte angewiesen. Dieses Bedürfnis befriedigen sie durch gegenseitiges Fellkraulen, durch Aneinanderreiben oder einfach nur dadurch, daß sie dösend beiein-

Bei Pferden mit einer lockeren Hinterhand gelten besondere Vorsichtsmaßnahmen. Hier arbeite ich mit einem an einem Stock befestigten Handschuh als Armverlängerer.

anderstehen. Dem müssen wir Rechnung tragen, wenn wir mit unseren Pferden eine Partnerschaft aufbauen wollen, die sich an den natürlichen Gegebenheiten orientiert. Doch Vorsicht: Es gibt bestimmte Verhaltensregeln, die eingehalten werden müssen.

In der Herde ist es immer das ranghöhere Tier, das ein anderes zum Sozialkontakt auffordert. Dieses ranghöhere Tier entscheidet auch, wann es wieder damit aufhört. Niemals würde sich ein rangniederes Tier am Leittier scheuern. Das wäre sehr respektlos und würde vermutlich sofort geahndet. Daraus sollten wir lernen. Wenn Sie Ihrem Pferd erlauben, sich an Ihnen zu scheuern oder Sie mit dem Kopf zu schubsen, lassen Sie ihm eine Respektlosigkeit durchgehen, die Ihre Position schwächt. Sie müssen derjenige sein, der die Initiative ergreift. Es ist wichtig, daß Sie Ihrem Pferd Sozialkontakte anbieten – aber zu Ihren Bedingungen.

Machen Sie eine Zeremonie daraus, die Sie immer dann zelebrieren, wenn Sie sich auf Ihr Pferd einlassen wollen. Streichen Sie es an Kopf, Hals, Nacken und dann am ganzen Körper mit der Hand ab. Dabei können Sie es auch ein wenig kraulen oder massieren. Ihr Pferd wird die Berührungen genießen, Sie können auf diese Weise sein Bedürfnis nach Sozialkontakten befriedigen. Aber Sie sprechen dabei noch mehr Dinge an. Die Zeremonie ist eine nette Geste, mit der Sie Ihrem Pferd sagen: „Hallo, mein Lieber, wie geht es Dir? Ich freue mich, Dich zu sehen." Sie festigen Ihren Status als Leittier und führen gleichzeitig eine Körperinspektion durch.

Beobachten Sie dabei Ihr Pferd genau. Achten Sie auf Ohrenspiel, Körpersprache und Drohgebärden. Manchmal wehren sich Pferde dagegen, an bestimmten Körperteilen berührt zu werden. Dann sollten wir den Ursachen auf den Grund gehen.

Es gibt zwei Möglichkeiten. Das Pferd könnte an einem körperlichen Defekt leiden. Es teilt uns mit, daß die Berührung Schmerzen bereitet. Dann habe ich als verantwortungsbewußter Pferdebesitzer die Verpflichtung, mich darum zu kümmern. Die zweite und häufigere Möglichkeit ist, daß das Pferd sagt: „He, mein Lieber, das geht Dich nichts an, das ist mein Privatbereich." In diesem Fall sollten Sie ihm antworten: „Da täuschst Du Dich aber! Ich als Dein Chef habe grundsätzlich das Recht, Dich überall anzufassen." Dann sollten Sie daran arbeiten, daß Ihr Pferd das auch akzeptiert (siehe Seite 62 ff. „Mentales Unfallverhütungstraining").

Wenn Sie mit einem fremden Pferd an der Hinterhand arbeiten, sollten Sie besonders vorsichtig sein. Stellen Sie sich nie vor oder hinter das betreffende Hinterbein. Denn wenn es zu einer Abwehrreaktion kommt, kann Sie leicht ein Huf treffen. Direkt neben dem Bein stehen Sie sicherer. Halten Sie außerdem über Ihr Führseil Kontakt zum Pferdekopf. Denn wenn Sie den Kopf des Pferds kontrollieren, kontrollieren Sie das ganze Pferd. So können Sie das Pferd am Kopf zu sich ziehen, falls es Sie mit der Hinterhand attackiert. Gleichzeitig schwenkt die Hinterhand von Ihnen weg.

Wenn sich ein Pferd als Schläger entpuppt, sollten Sie aus sicherer Distanz mit ihm arbeiten. Benutzen Sie einen Armverlängerer. Stellen Sie sich neben den Kopf des Pferds, fixieren Sie es dort gut, und streichen Sie das Hinterbein mit Ihrem verlängerten Arm ab. Wenn das Pferd jetzt nach dem Armverlängerer tritt, tut es Ihnen nicht weh, und Sie können die Aktion so lange fortsetzen, bis es die Berührung akzeptiert. Als Armverlängerer bietet sich ein Kontaktstock oder eine lange Gerte an. Manche benutzen auch einen ausgestopften und an einem Stock befestigten Handschuh. Grundsätzlich sollten Sie die Körperkontaktspiele mit allen Kommunikationsmitteln üben, die Sie auch sonst im Umgang mit dem Pferd benutzen. Das schafft Vertrauen und ist für das Pferd angenehm. Denn Hilfsmittel sollen ja nicht negativ auf das Pferd einwirken. Im Gegenteil: Sie dienen dazu, sich optimal mit ihm zu verständigen.

Die Druckpunktanwendungen

Ein entscheidender Bestandteil der Bodenarbeit sind für mich die Druckpunktanwendungen. Mit ihnen leiste ich bei jungen Pferden eine wichtige Basisarbeit für die spätere Kommunikation unter dem Sattel. Auch bei älteren oder korrekturbedürftigen Pferden sind sie wichtig, weil ich mit ihnen bestimmte Dinge zurechtrücken kann. Das Pferd soll lernen, dem punktuellen Druck meiner Fingerspitzen, den ich an bestimmten Körperstellen ansetze, zu weichen.

Mit jeder Druckpunktanwendung spreche ich drei wichtige Dinge an. Erstens verlange ich, daß das Pferd weicht. Wer weicht, ordnet sich unter. Ich arbeite also an der Autoritätsfrage. Zweitens bereite ich das Pferd auf das Gerittenwerden vor, indem ich bei ihm sensible Punkte sozusagen installiere. Später kann ich vom Sattel aus über diese sensiblen Punkte mit ihm kommunizieren. Und drittens gymnastiziere ich das Pferd. Diese drei Aspekte machen Druckpunktanwendungen äußerst wertvoll.

Ich beginne immer an der Nase. Das Pferd soll lernen, auf Druck hin rückwärtszuweichen. Ich stehe an der linken Kopfseite und fasse mit der rechten Hand ins Halfter, um es zu fixieren. Die linke Hand lege ich auf seinen Nasenrücken – etwa dort, wo das Nasenband des Halfters ist. Die Fingerspitzen von Daumen und Mittelfinger plaziere ich zangenförmig links und rechts des Nasenbeins. Mit ihnen baue ich jetzt langsam Druck auf und steigere ihn so lange, bis mein Pferd reagiert. Sobald es eine Reaktion in die richtige Richtung zeigt, nehme ich den Druck sofort weg. Ich streichele oder reibe es an der Stelle, an der ich zuvor eingewirkt habe, und gönne ihm eine Pause.

Danach wiederhole ich den Vorgang zwei- oder dreimal und versuche, mit so wenig Druck wie möglich einzuwirken. Auch hier gilt wieder der Leitsatz „so wenig wie möglich, aber soviel wie nötig". Ein Pferd erzieht man über die Nase. Wenn Sie sich einmal mit dem Finger auf Ihr Nasenbein klopfen, werden Sie feststellen, wie empfindlich es ist. Das trifft auf Pferde genauso zu. Wenn ich junge Pferde anreite, tue ich dies über die Nase. Hier kann ich gut einwirken und schone das Maul.

Druckpunktanwendung auf der Nase: Beide Finger wirken zangenförmig auf das Nasenbein ein.

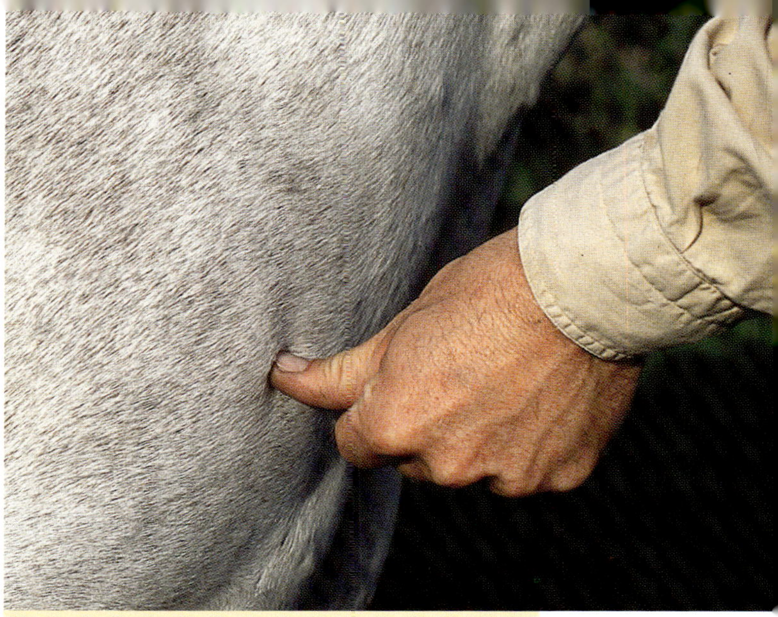

Auch mit einem Druck des Daumens kann ein Pferd zum Rückwärtsweichen aufgefordert werden. Der kommunikative Nutzen ist aber nicht so hoch, bei Fahrpferden verbietet sich die Methode.

Die Rückwärtsricht-Übung hat neben den drei bereits genannten positiven Eigenschaften noch einen weiteren Vorteil. Die Pferde lernen nicht nur rückwärtszugehen, sondern auch rückwärtszudenken. Die Flucht nach vorne entspricht ihrem natürlichen Verhalten. Sie laufen vor Dingen weg, die ihnen Angst machen. Indem sie öfter mal rückwärtsgehen, kommen sie ein Stückweit weg vom Fluchtdenken und lernen, erst einmal abzuwarten. Die Rückwärtsricht-Übung ist also auch eine Übung wider das Fluchtverhalten. Druckpunkte zum Rückwärtsrichten kann ich auch auf der Schulterblattspitze oder am Brustbein des Pferds ansetzen. Der kommunikative Nutzen ist hier allerdings nicht so groß.

Kommen wir zum Maul. Mit der folgenden Übung möchte ich das Pferd auf die Trense vorbereiten und es zum Abkauen animieren. Es soll lernen, den Kopf vorwärts-abwärts zu strecken. Dazu stelle ich mich wieder an seine linke Kopfseite. Jetzt fixiere ich den Kopf, indem ich mit der linken Hand in das Halfter fasse. Ich spreize Daumen und Zeigefinger der rechten Hand und strecke den Mittelfinger in einem 90-Grad-Winkel ab. Dann schiebe ich den rechten Arm unter dem Kopf durch. Mein rechter, abgestreckter Mittelfinger sucht die rechte Maulspalte. Ich schiebe ihn vorsichtig von der Seite in die

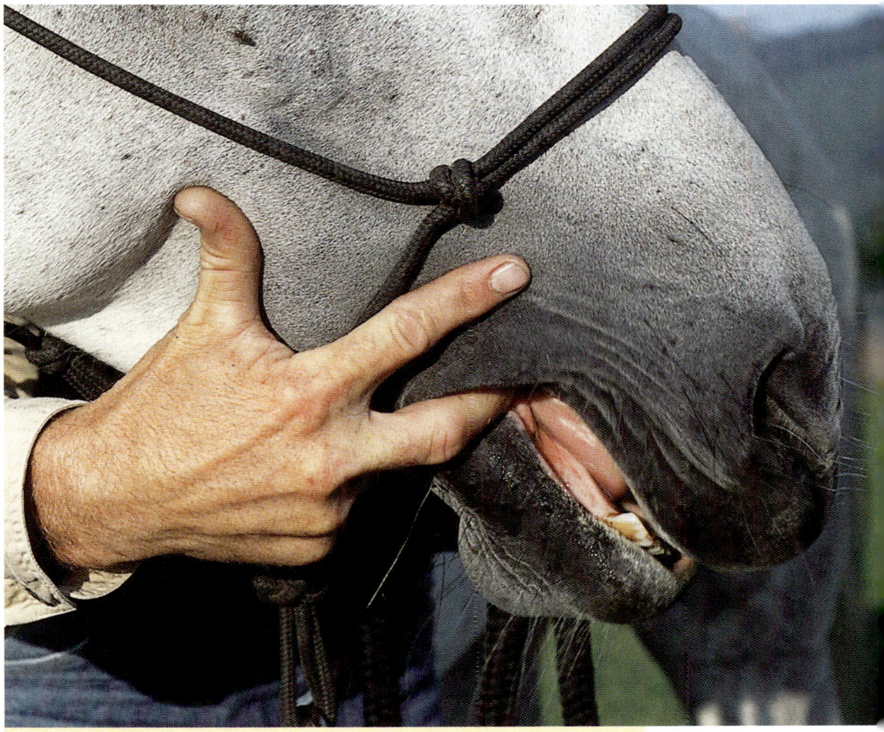

Maularbeit: Durch gezielte Fingerimpulse kann ich das Pferd zum Abkauen anregen, Daumen und Zeigefinger wirken als Widerlager.

Eine weitere Druckpunktanwendung: Beide Finger wirken zangenförmig im Nacken. So bringe ich das Pferd in eine Entspannungshaltung.

Maulspalte – dorthin, wo üblicherweise die Trense liegt. Ich beginne, mit meiner Fingerspitze von der Seite die Zunge des Pferds zu streicheln. So wird es zum Kauen angeregt und löst sich im Maul. Um zu verhindern, daß mein Mittelfinger zwischen die Zähne gerät, lege ich Daumen und Zeigefinger währenddessen als Widerlager auf die Außenseite der Backe.

Wenn das Pferd diese Aktion akzeptiert, nehme ich die linke Hand dazu und verfahre genau wie rechts. So kann ich eine Trense simulieren und gefühlvoll auf das Maul meines Pferds einwirken. Dabei lege ich meine Zeigefinger aber nicht auf die Zunge, sondern nur an ihre Seite. Schmatzt es nun entspannt mit der Zunge, ohne mit dem Kopf zu schlagen oder sich sonstwie entziehen zu wollen, kann ich einen Schritt weitergehen. Indem ich auf den rechten und linken Unterkieferladen des Pferds Druck ausübe, fordere ich es dazu auf, nach unten nachzugeben. Auch hier gilt wieder: Ich baue Druck auf und nehme ihn weg, sobald das Pferd nachgibt. Ich streichele die entsprechende Stelle und gönne dem Pferd eine Pause, um es anschließend zu einem weiteren Schritt aufzufordern. So bringe ich es mit der Zeit dazu, den Hals zu strecken. Das Pferd dehnt sich nicht nur in der gesamten Oberlinie, sondern kaut auch ab. Das erhöht den Dehnungseffekt.

Die nächste Übung bezweckt, daß das Pferd mit dem Kopf nach unten nachgibt. Dazu setze ich meine Druckpunkte im Nacken, und zwar an den sogenannten Atlasflügeln, an. Die Atlasflügel sind zwei deutlich fühlbare Höcker, die links und rechts der Wirbelsäule, etwa fünf bis zehn Zentimeter hinter den Ohren liegen. Wir wissen, daß sich Pferde verspannen, wenn sie Angst oder Schmerzen haben. Sie reißen den Kopf hoch, drücken den Rücken durch und klemmen den Schweif ein. Fühlen sie sich dagegen sicher, tragen sie den Kopf tief, sind folglich im Rücken gelöst und insgesamt entspannt. Über die Druckpunktanwendung im Nacken kann ich verspannte Pferde bewußt in eine Entspannungshaltung bringen.

Diese Übung trägt auch wesentlich dazu bei, daß mich das Pferd als Autorität anerkennt. Oft beobachte ich, daß die Übung ein Schlüsselerlebnis für die Pferde ist – nicht nur, weil sie sich dehnen und lernen, sich unterzuordnen. Zusätzlich werden sie im Nacken sensibilisiert. Pferde, die gelernt haben, im Nacken nachzugeben, werden sich nicht ins Halfter werfen, um sich von der Anbindung loszureißen. Sie werden sehr viel eher dem Druck im Nacken weichen, den ich über Führseil und Halfter aufbaue, wenn sie mir irgendwohin nicht nachkommen wollen. Und für den Fall, daß ich später einmal mit Kandare reiten will, lernen sie jetzt schon, dem Druck der Kandare, der über die Hebelmechanik im Pferdenacken aufgebaut wird, nach unten nachzugeben.

Mit dieser Lektion kann ich ein weiteres positives und vertrauensbildendes Ergebnis erreichen. Das Pferd steht mit gesenktem Kopf neben mir. Ich lege meinen Arm über seinen Mähnenkamm und streichele es an der gegenüberliegenden Hals-Kopf-

Das Lernziel ist erreicht: Die Schimmelstute senkt den Kopf nach unten, dehnt dabei den Rücken und ist gleichzeitig im Maul gelöst.

An dieser Stelle bereite ich mit einem Druck des Fingers das Pferd für die Hinterhandverschiebung vor.

Das Ergebnis der Vorbereitung: Das Pferd kreuzt die Hinterbeine und weicht dem Fingerimpuls in der Flanke.

Seite. So simuliere ich eine Mutterstute, die mit hängendem Kopf schützend über ihrem am Boden schlafenden Fohlen steht. Ich sage dem Pferd: „Bei mir bist Du geborgen, ich wache über Dich."

Ein 1,76 Meter großer Warmblüter kam zu mir, weil er angeblich nicht reitbar war. Eine seiner Untugenden war es, den Kopf so hoch zu nehmen, daß ihn kaum jemand halftern oder auftrensen konnte. Bei ihm war die beschriebene Übung sehr hilfreich. Ich brauche heute nur auf seinen Nacken zu zeigen, und schon senkt er den Kopf.

Mit den folgenden Druckpunktanwendungen möchte ich eine sehr differenzierte, seitliche Durchlässigkeit erreichen. Zunächst arbeite ich an der Vorderhandverschiebung als Vorübung für die Hinterhandwendung. Dazu stelle ich mich frontal auf Höhe der linken Halsseite neben mein Pferd, fasse mit der linken Hand in das Backenstück des Halfters und strecke meinen Zeigefinger gegen seine Backe. Der ausgestreckte Zeigefinger der rechten Hand liegt etwa eine Handbreit hinter dem linken Ellbogen meines Pferdes, etwa dort, wo sich normalerweise der Sattelgurt befindet. An diesen beiden Stellen setzen auch die Hilfen an, die ich später vom Sattel aus geben werde: am Gurt durch meinen äußeren Schenkel und an der linken Kopfseite durch meinen rechten Zügel.

Jetzt baue ich so lange Druck an diesen Stellen auf, bis das Pferd einen Schritt mit der Vorderhand zur Seite weicht. Es gibt immer wieder Pferde, die versuchen, sich durch Ausweichmanöver der Aufforderung zu entziehen. Wenn sie dies nach vorne versuchen, verstärke ich die Einwirkung im Kopfbereich. So kann ich den Vorwärtsdrang durch stärkeres Biegen bremsen. Versucht ein Pferd dagegen, sich durch Rückwärtsgehen zu entziehen, bringe ich mehr Druck im Gurtbereich an.

Will ich mein Pferd in der Hinterhand verschieben, stehe ich auf Höhe des linken Vorderbeins. Mit der linken Hand halte ich es am Führseil, um zu verhindern, daß es mir mit der Vorderhand wegläuft. Der rechte Zeigefinger liegt jetzt ungefähr dort, wo das letzte Drittel der Flanke beginnt. Um ihn richtig zu plazieren, sollten Sie überlegen, wo bei dieser Übung vom Sattel aus der Schenkel liegen würde. Jetzt wird wieder Druck aufgebaut. Bei Pferden, die nicht zum Weichen zu bewegen sind, kann man sich helfen, indem man ihren Kopf zur Seite nimmt.

Bleibt noch die Mittelhandverschiebung, also

ein gleichzeitiges Seitwärtstreten mit Vorder- und Hinterhand. Ich stehe wieder auf Höhe der linken Vorderhand. Meine linke Hand faßt mit ausgestrecktem Zeigefinger in das Backenstück des Halfters. Der rechte Zeigefinger liegt jetzt ungefähr dort, wo das zweite Drittel des Pferdebauchs beginnt. Indem ich jetzt mit beiden Fingern drücke, erreiche ich die Mittelhandverschiebung. Pferde, die sich nach vorne entziehen wollen, kann ich leicht begrenzen, indem ich sie mit dem Kopf gegen eine Einzäunung stelle. Natürlich muß man alle seitlich einwirkenden Lektionen von beiden Seiten üben. Ziel sind immer beidseits gut gymnastizierte und durchlässige Pferde. Bei all diesen Übungen empfiehlt es sich, das lange Führseil in einer großen Schlaufe geordnet über den Unterarm zu hängen. So habe ich die Hände zum Arbeiten frei, und falls mal ein Pferd ausreißen will, kann ich das Leitseil packen, bevor es sich von meinem Arm abgespult hat.

Biegen und Beugen

Es gibt sportliche und weniger sportliche Pferde. Die unsportlichen haben im allgemeinen mehr Probleme mit dem Biegen. Es gibt aber auch genügend sportliche Pferde, die sich hier schwertun. Solche Tiere haben meist ein Problem mit dem Kopf. Unabhängig davon, weshalb sie steif sind: Die folgenden Übungen sollten wir mit allen Pferden absolvieren. Mit ihnen arbeiten wir an der Biegsamkeit, der Durchlässigkeit, am Körpergefühl und der Kontrollierbarkeit unserer Pferde.

Beginnen wir wieder am Kopf. Will ich ein durchgehendes Pferd unter Kontrolle bringen, gelingt mir das am besten durch eine einseitige Zügelführung. Denn wenn ich an beiden Zügeln ziehe, wird es sich vermutlich in der Hals- und Nackenmuskulatur sofort versteifen, den Kopf nach vorne strecken, das Gebiß zwischen die Zähne nehmen oder das Maul weit aufreißen und weiterrennen.

Biege ich es aber seitlich im Hals, kann es nur noch im Kreis laufen und muß schließlich stehenbleiben. Aber auch das ist gar nicht so leicht, wenn das Pferd vorher nicht gelernt hat, seinen Kopf zu geben. Daran müssen wir also arbeiten.

Der Einfachheit halber beschreibe ich die folgenden Lektionen nur von der linken Seite. Natür-

Eine gute Durchlässigkeit ist die Voraussetzung für genußvolles Reiten. Das Fundament dafür wird am Boden gelegt. Die linke Hand führt das Pferd in die Biegung, die rechte dient als Widerlager.

Die Fortführung der Biegearbeit aus einer anderen Position. Dabei hilft die Umlage des Seils über die Nase.

lich werden auch sie von beiden Seiten geübt. Arbeiten Sie rechts, müssen Sie die Techniken spiegelbildlich anwenden.

Ich stehe an der linken Halsseite des Pferds. Mein Führseil liegt in einer großen Schlaufe über meinem linken Unterarm. Ich lege die linke Hand oberhalb der Nüstern auf das Nasenbein des Pferds. Die rechte Hand liegt verwahrend seitlich am Hals – etwa dort, wo er in den Schultergürtel übergeht. Jetzt wird die linke Hand aktiv, indem sie den Kopf des Pferds faßt und nach links führt. So biege ich das Pferd im Hals.

Je nach Pferd muß ich in sehr kleinen oder auch in größeren Schritten arbeiten. Die meisten Pferde bauen anfangs einen Widerstand auf. Ich muß die Biegung aber so lange fordern, bis sich das Pferd im Hals gelöst hat – was meist daran zu erkennen ist, daß es deutlich sichtbar seinen Kopf fallen läßt. In diesem Augenblick gebe ich nach und streichele es

Das Pferd wird sozusagen abgespult. Sehr gut zu sehen ist die Biegung in der gesamten Längsachse. Diese Übung fördert die Geschmeidigkeit enorm.

Eine weitere Art, um das Pferd in der Längsachse zu biegen. Das Pferd soll an seinem Schweif riechen, Hals- und Schweifwirbelsäule werden einander angenähert.

am Kopf. Ich kann entweder die Lektion beenden oder nach einer kurzen Pause nach mehr Biegung fragen. Mit etwas Übung können Pferde den Hals problemlos so weit biegen, daß das Maul die Flanke berührt. Haben Sie einmal beobachtet, wie ein Pferd sich mit dem Maul am Sprunggelenk kratzt oder mit einem Hinterbein zwischen den Ohren?

Ist diese Übung gefestigt, gehe ich einen Schritt weiter. Ich stehe zunächst weiterhin an der linken Halsseite des Pferds und fasse mit der rechten Hand das lange Führseil etwa in der Mitte, die linke Hand hält das Ende. Mit der rechten Hand werfe ich nun das Seil bogenförmig über den Kopf des Pferds und wieder zurück. Das übe ich einige Male. Auf diese Weise wird das Pferd am Kopf scheufrei.

Dann lasse ich das Seil auf der rechten Seite und trete etwas zurück. Jetzt stehe ich an der Mittelhand. Ich gleite mit der rechten Hand am Seil entlang über

Das Arbeitsseil wird über den Kopf des Pferds auf die Gegenseite geschwungen. Das ist eine gute Vorübung für die Lektionen von Seite 58. Außerdem wird das Pferd dadurch scheufrei.

den Rücken des Pferds in Richtung rechte Kopfseite. Ziehe ich nun langsam am Führseil, kann ich den Kopf des Pferds nach rechts biegen. Auch hier gehe ich wieder nach dem gleichen Prinzip vor. Ich baue Druck oder eine Spannung auf und warte, bis das Pferd nachgibt. Dann werde ich mit der Hand weich, streichele das Pferd an Kopf oder Hals und gebe ihm eine Pause. Mit dieser Übung sind wir schon wieder ein Stück näher an der Kommunikation, die vom Sattel aus stattfindet.

Es gibt Pferde, die sich nur sehr schwer oder gar nicht in der beschriebenen Weise biegen lassen. Dann kann ich mir mit einem kleinen Trick helfen. Ich lasse das vordere Teil des Führseils von links nach rechts über die Nase des Pferds laufen. Ziehe ich jetzt am hinteren Ende, setzt meine Einwirkung an der Nase an. So ist es kein Problem, ein Pferd im Kopf zu stellen.

Gehen wir weiter zur Hinterhand. Wer dort arbeitet, muß besonders vorsichtig sein. Dazu gehört, daß man nicht vor oder hinter der Hinterhand steht und daß man den Kopf des Pferds über das Führseil kontrolliert.

Beginnen wir mit dem Schweif. Ich stehe direkt neben der Hinterhand und wende mich ihr frontal zu. Die linke Hand hält das Seil. Die rechte faßt unter die Schweifrübe des Pferds und hebt sie vorsichtig an, bis sie senkrecht nach oben zeigt. Verspannte und ängstliche Pferde werden hier einen erheblichen Gegendruck aufbauen. Ich halte nun die Schweifrübe so lange gestreckt, bis ich ein deutliches Nachlassen der Spannung verspüre, erst dann lasse ich sie langsam wieder ab. Sinn dieser Übung ist es, dem Pferd zu vermitteln, daß es ihm besser geht, wenn es gelöst ist. Außerdem bereitet diese Lektion das Pferd auf das Fiebermessen vor. Auch solche Dinge sollte man bewußt in Zeiten trainieren, in denen man nicht darauf angewiesen ist.

Mit der nächsten Übung soll ein Lösen und Biegen im hinteren Bereich der Wirbelsäule erreicht werden. Dazu behalte ich die Position der vorherigen Übung bei. Die rechte Hand lege ich über die Schweifrübe des Pferds. Die Finger winkele ich so an, daß sie an der rechten Seite der Schweifrübe liegen. Die linke Hand ist flach und liegt im Bereich der Lendenwirbelsäule seitlich am Rücken des Pferds. Jetzt ziehe ich mit der rechten Hand das Hinterteil des Pferds sanft zu mir, während die linke Hand an der Flanke gegenhält. Dabei sind zwar keine großen Bewegungen zu erwarten. Aber die Übung kann helfen, Verspannungen im Bereich von Lendenwirbelsäule und Kreuzbein zu lösen. Außerdem arbeiten wir an der Flexibilität der Hinterhand und vermitteln dem Pferd mehr Gefühl für den eigenen Körper. Wenn Sie darauf achten, daß das entsprechende Hinterbein etwas vor dem gegenüberliegenden steht, tut sich das Pferd bei dieser Übung wesentlich leichter.

In den vorangegangenen Lektionen habe ich intensiv daran gearbeitet, einzelne Teile der Wirbelsäule zu biegen. Nun versuche ich es mit der gesamten Längsachse. Dazu stelle ich mich frontal zur Mittelhand des Pferds. Mit der linken Hand fasse ich wieder über die Nase, mit der rechten Hand greife ich den Schweif und versuche, Schweif und Kopf zueinanderzubiegen. Ich möchte, daß mein Pferd an seinem Schweif riecht. Also ziehe ich sowohl den Kopf als auch den Schweif zu mir her. Theoretisch müßte sich das Pferd jetzt in der gesamten Wirbelsäule biegen, da der Kopf ja an ihrem vorderen Ende und der Schweif am hinteren Ende hängt. Praktisch sieht die Sache freilich meistens anders aus. Viele Pferde versuchen, sich durch Im-Kreis-Drehen aus der ungewohnten Position zu befreien. Wenn ich mich darauf einlasse und die Aktion unterbreche, lernt das Pferd aber nur, daß es sich drehen soll. Also halte ich die Spannung und drehe mich mit. Irgendwann bleibt jedes Pferd einmal stehen.

Wenn es soweit ist, gebe ich sofort nach. So bestätige ich dem Pferd, daß es das tut, was ich von ihm erwarte. Ich gebe aber nicht die gesamte Biegung auf, sondern nehme nur die Spannung weg und gönne dem Pferd eine Pause. Dann frage ich nach mehr Biegung. Ich wedele dem Pferd mit dem Schweif vor der Nase und mache es neugierig. Es will an dem Ding riechen. Sobald es das tut, habe ich mein Ziel erreicht und lasse es los. Offenbar riechen Pferde gern an ihrem Schweif, und wenn sie es einmal getan haben, tun die meisten es ohne Probleme immer wieder.

Die letzte Übung zum Thema „Biegen und Beugen" fördert ebenfalls die Beweglichkeit der Wirbelsäule und hilft dem Pferd bei der eigenen Körperkontrolle. Außerdem bereitet sie es auf die Arbeit an der Doppellonge und das Gefahrenwerden vom Boden aus vor. Ich stelle mich dazu seitlich auf Schulterhöhe und werfe das Führseil wieder mit der rechten Hand in einem Bogen über den Kopf des Pferds. Mit der linken Hand fasse ich das Seilende. Jetzt liegt das Seil von rechts nach links quer über dem Pferderücken. In kleinen Bögen werfe ich es immer weiter nach hinten, bis es an der Kruppe heruntergleitet. Das Seil läuft nun, von der rechten Kopfseite ausgehend, um die Hinterhand und endet in meiner Hand. Jetzt beginne ich, am Seilende zu ziehen, so daß sich das Pferd nach rechts biegen muß. Ziehe ich weiter, wird es eine Volldrehung um die eigene Achse machen und schließlich wieder neben mir stehen. Ich spule das Pferd also regelrecht am Seil ab.

Bei dieser Lektion lernt das Pferd unter anderem, vor dem Seil, das um seine Hinterhand geführt wird, entweder zu weichen oder es zu akzeptieren. Denn wenn es mit der Hinterhand gegen das Seil geht, spürt es seine Einwirkung am Kopf und beschleunigt so die Drehung.

Mentales Unfall-verhütungstraining

Dieses Kapitel soll Pferde mental darauf vorbereiten, mit bestimmten unfallträchtigen Situationen umzugehen. Zum anderen fördern diese Übungen aber auch die Dehnung. Als Fluchttiere sind Pferde darauf angewiesen, daß ihre Beine einwandfrei funktionieren. Außerdem brauchen sie ihre Beine als Waffe, mit der sie sich gegen Angriffe verteidigen können. Oft gerät ein Pferd in einen Zaun, bleibt an einem Draht hängen oder tritt über das Anbindeseil und verwickelt sich darin. Dann erleben wir heftige Reaktionen. Wenn das Pferd versucht, sich panikartig aus der Gefahr zu befreien, geht häufig der Zaun oder die Anbindung kaputt – oder eben das Pferdebein. Die folgenden Übungen mindern das Verletzungsrisiko und lehren das Pferd, mit solchen gefährlichen Situationen umzugehen.

Ich stehe vor dem Pferd oder links neben seinem Kopf in Blickrichtung zu ihm. Das Pferd trägt Halfter und Seil. Nun lege ich das Seil von innen nach außen in einer großen Schlaufe um das linke Vorderbein. Das Seilende lasse ich zurück Richtung Pferdekopf laufen. Am Anfang führe ich das Seil aber nur zwischen Vorderfußwurzel- und Ellbogengelenk um das Bein und beobachte, wie das Pferd reagiert. Dabei halte ich das Seilende in der rechten und das Mittelstück in der linken Hand. Wenn das Pferd heftig wird, nehme ich das Mittelstück und das Seilende zusammen in die rechte Hand. Mit der linken Hand greife ich den Seilanfang unterhalb vom Halfter. So kann ich das Pferd besser kontrollieren. Jetzt darf es sich mit der Situation auseinandersetzen, ohne daß ich besonders auf es einwirke.

Wenn es keine Probleme macht, kommt der nächste Schritt: Ich lasse das Seil am Vorderbein in die Fesselbeuge hinuntergleiten. Dann ziehe ich das Bein weit nach vorne. Das Pferd soll lernen, dem in der Fesselbeuge entstehenden Druck zu weichen und auf drei Beinen einen Schritt nach vorne zu gehen. Falls es die Anfrage nicht versteht, kann ich ihm helfen, indem ich mit der linken Hand am Halfter einen Impuls gebe. Sehr bald wissen die Pferde, worum es geht. Das mindert die Unfallgefahr stark. Ich wiederhole die Übung noch zwei bis drei Mal und wechsele dann zum anderen Bein.

Wenn ich diese Lektion in mehreren Übungseinheiten gefestigt habe, erfolgt der dritte Schritt: Ich lege das Seil wie beschrieben um ein Vorderbein, halte das Seilende in der Hand und stelle mich etwa zwei Meter vor das Pferd. Jetzt beginne ich vorsichtig, das Seil zu spannen. Da dieses mit dem Halfter verbunden ist, wird das Pferd jetzt durch den Druck am Halfter den Kopf nach unten nehmen. Kopf und Bein werden zueinandergezogen. Dieselbe Situation entsteht, wenn ein Pferd über das Anbindeseil tritt und zurückzieht. Beim Üben der Gefahrensituation

Eine Übung, um eine Gefahrensituation zu simulieren. Dabei müssen Sie sehr vorsichtig und mit viel Gefühl vorgehen.

haben Sie es in der Hand, wieviel Druck Sie aufbauen, bei tatsächlicher Gefahr dagegen nicht. Im Extremfall könnte man beim Üben auch mal das Seil loslassen. Ratsam ist das allerdings nicht. Denn wenn ich das Seil loslasse, lernt mein Pferd, daß es sich durch ausreichend starkes Rückwärtsziehen aus seiner Zwangslage befreien kann. Genau das soll ja verhindert werden. Das Pferd soll lernen, mit dem Problem umzugehen, indem es dem Druck weicht, anstatt dagegenzuziehen. Hierbei muß äußerst gefühlvoll vorgegangen werden.

Diese Lektionen erfolgen in ähnlicher Weise auch mit den Hinterbeinen. Um am linken Hinterbein zu arbeiten, taste ich mich mit der rechten Hand an der linken Seite des Pferds entlang bis zur Hinterhand und lasse sie von hinten auf die Innen-

Seilarbeit an den Beinen kann größere Schäden vermeiden. Wenn das Pferd lernt, dem Druck in der Fesselbeuge nach vorn zu weichen, entkommt es dem Gefahrenbereich.

seite des linken Beins gleiten. Gleichzeitig strecke ich meine linke Hand, die das Seil hält, von vorne zwischen die Hinterbeine und übergebe das Seilende der rechten Hand. Ich versuche, möglichst schnell wieder zum Pferdekopf zu kommen. Manche Pferde empfinden ein Seil am Bein nicht als Problem, andere werden plötzlich sehr lebendig. Dann ist es vorteilhaft, vorne am Pferd zu stehen und den Kopf kontrollieren zu können. Pferde, die hier Probleme machen, drehen sich meist mehr oder weniger schnell mit der Hinterhand um die Vorhand. Dabei halte ich sie mit der linken Hand dicht am Halfter, die Rechte hält Ende und Mittelstück des Seils. Ich lasse das Seil als große Schlaufe locker um den oberen Teil des Hinterbeins liegen. Mein Pferd muß lernen, das zu akzeptieren. Sobald es merkt, daß vom Seil keine Gefahr ausgeht, wird es sich beruhigen.

Jetzt kann ich das Seil langsam in die Fesselbeuge gleiten lassen und das Bein nach vorne unter den Bauch ziehen. Wenn das Pferd dabei gelöst ist und nicht aktiv gegen meine Hand geht, lasse ich das Bein langsam wieder ab. Dabei achte ich darauf, daß es möglichst weit vorne unter dem Bauch zu stehen kommt. Immer wenn das Pferd gegen meine Hand geht, halte ich gegen und warte auf Entspannung. Sobald es sich entspannt, werde ich weich und leite die Absenkung ein. Ziel dieser Übung ist es, das

Seilarbeit an den Hinterbeinen ist eine gute Vorbereitung für Situationen, in denen sich das Pferd in Longen verwickelt.

Pferd auf Situationen vorzubereiten, in denen es sich in Seile oder Longen verwickelt. Außerdem eignet sich die Lektion dafür, Pferde auf das Hufegeben vorzubereiten. Sie fördert die Dehnung und bereitet ein wenig die Hankenbeugung am Boden vor.

Mit einer anderen Übung bereite ich Pferde auf das Satteln und das Zuziehen des Sattelgurts vor. Ich stelle mich auf Schulterhöhe links neben das Pferd und halte es mit der linken Hand. Die rechte Hand faßt das Führseil etwa einen Meter vor dem Ende. Jetzt lasse ich das Seil immer wieder auf die unterschiedlichsten Stellen des Pferderückens fallen – etwa so, als wolle ich ein Sattelpad auflegen. Wenn mein Pferd damit keine Probleme hat, lege ich das Seil so über seinen Rücken, daß es an der rechten Seite weit herunterhängt. Ich greife mit der Linken unter dem Pferdebauch durch und hole das Seilende zu mir. Das Seil liegt nun zirkulär um den Bauch des Pferds. Indem ich rechte und linke Hand gegeneinanderziehe, baue ich um den gesamten Brustkorb herum Druck auf. Je nach Kräfteeinsatz kann ich diesen Druck variieren und somit individuell auf jedes Pferd eingehen. Mit dieser Technik kann ich auf unterschiedliche Stellen am Bauch Druck ausüben und das junge Pferd mental auf alle Dinge vorbereiten, die seine Mittelhand einengen. Auch Pferde mit Gurtzwang kann ich individuell behandeln und ihnen helfen, ihre Phobie abzubauen.

Plastikplanen sind für viele Pferde erschreckend; sie flattern, knistern und erzeugen Streß.

Oh Schreck!

Pferde laufen vor allem davon, was sie erschreckt. Das führt manchmal zu seltsamen Verhaltensweisen. Ein Beispiel: Franziska ist mit ihrer Islandstute Flicka an einem warmen Sommertag unterwegs. Sie kennt das Gelände recht gut. Plötzlich sieht sie 300 Meter vor sich rechts am Wegrand ein riesiges weißes Gebilde. Der Stapel Heuballen war doch vergangene Woche noch nicht hier! Oh Schreck, die Abdeckplane flattert auch noch im Wind! Es wird ihr heiß in der Magengegend, weiß sie doch, daß Flicka Probleme mit Planen hat. Gerade bei der letzten Reiterrallye kam es zu erheblichen Turbulenzen.

Noch bevor Flicka das Planengebilde wahrnimmt, fängt Franziska an, auf sie einzureden: „Ho, ho, schön ruhig, Flicka, brauchst keine Angst zu haben. Die Plane tut Dir nichts, ich bin ja bei Dir........“. Und Flicka denkt: „Oh, oh, da muß was ganz Schlimmes kommen, sonst würde mein Frauchen nicht so mit mir reden.“ Sie fängt ihrerseits an, nervös zu werden.

Die Reiterin, die ihr Pferd mit Worten beruhigen will, bewirkt also genau das Gegenteil. Sie sendet Ängstlichkeit und Unsicherheit. Nach drei vergeblichen Versuchen, den Heuhaufen zu passieren, dreht sie um und reitet einen anderen Weg. Und Flicka wird sich auch das nächste Mal weigern, an irgend etwas vorbeizugehen, was nach Plane aussieht...

Fluchttiere brauchen Führung. Nirgends zeigt sich das deutlicher als in Schrecksituationen. Gott sei Dank kann man diese Dinge trainieren. Gerade die Arbeit mit Planen ist für mich ein wichtiger Bestandteil bei der Ausbildung oder Korrektur von Pferden. Mit einem guten Planentraining kann ich viel bewirken. Zum einen benutze ich es als Scheutraining, mit dem ich die Angst vor dem flatternden, knisternden und unförmigen Teil abbaue. Angst hat das Pferd vor der Plane, die am Boden liegt und ihm so unsicher wie ein Wassertümpel vorkommt. Kein sicherheitsbewußtes Pferd geht einfach so hinein, die Gefahren sind zu groß. Angst hat es auch vor der Plane, in die ich es einhüllen möchte. Die ist sogar ganz besonders schlimm.

In einem Buch las ich von der indianischen Deckenmethode, bei der wilde Pferde beim Einreiten immer wieder an eine Decke oder ein Tierfell herangetrieben, damit berührt und schließlich damit eingedeckt werden. Akzeptieren sie dies, kön-

Wenn die Vorarbeiten erfolgreich waren, ist es bald kein Problem mehr, ein Pferd vollständig in eine Plane einzuwickeln.

nen sie geritten werden. Ich weiß zwar nicht, ob die Sache ganz so einfach ist, wie sie das Buch schildert. Aber auch ich habe die Erfahrung gemacht, daß Pferde reif für den Sattel sind, wenn ich sie mit der Plane vorbereitet habe und damit einhüllen kann. Dann akzeptieren sie nämlich Berührungen am ganzen Körper. Sie haben ihre angeborene Platzangst vor allem, was sie einengt, besiegt. Und sie haben ein Stückweit die Urangst verloren, von einem Puma von oben im Genick gepackt zu werden.

Ich suche mir für diese Übung einen eingezäunten Platz. Das Pferd ist wieder mit Knotenhalfter und langem Seil ausgerüstet. Ich lege eine drei bis vier Quadratmeter große Plastikplane zurecht, nehme sie in eine Hand, das Führseil mit dem Pferd daran in die andere und gehe los. Das Pferd soll hinter mir gehen, aber auch die Plane schleife ich hinter mir her. Wenn das Pferd stehenbleibt und nicht weiter will, mache ich einen Richtungswechsel. Dadurch bringe ich es aus dem Gleichgewicht, so daß es sich wieder bewegt. Schießt es panikartig an mir vorbei, um von der Plane wegzukommen, mache ich ebenfalls einen Richtungswechsel. So ist das Pferd wieder hinter mir und die Plane auch.

Ich beschwichtige das Pferd nicht. Es soll seine eigenen Erfahrungen machen. Nach einer Weile merkt es, daß es die Plane nicht los wird. Jetzt wird es anfangen, sich dafür zu interessieren. Es wird den Kopf senken, sie anschauen und beriechen. Dabei werde ich so geschickt gehen, daß es der Plane immer näher kommt. Irgendwann wird es einen Fuß daraufsetzen. In einem geeigneten Augenblick lasse ich die Plane los, und das Pferd läuft darüber. Dabei ist es günstig, an einer Einzäunung entlangzugehen. Die Plane lasse ich so geschickt fallen, daß sie mit der einen Seite an der Einzäunung liegt und mit der anderen möglichst weit in die Bahnmitte reicht. So habe ich das Pferd nach einer Seite begrenzt, ein Ausweichmanöver ist folglich weniger erfolgreich. Nach und nach falte ich die Plane immer mehr aus und vergrößere so die zu überquerende Fläche.

Nun baue ich über die Plane einen Sozialkontakt zu meinem Pferd auf. Ich nehme ein Planen-Ende, knülle es ein wenig zusammen und wende mich dem Pferd zu. Zunächst reibe ich mit der Plane das Führseil bis zum Pferdekopf, dann gehe ich auf

Ein Regenschirm springt plötzlich auf und erzeugt erschreckende Geräusche. Bereiten Sie Ihr Pferd darauf vor, denn schirmtragende Fußgänger treffen Sie immer.

Kopf, Backe, Stirn, Hals und an den Vorderbeinen entlang auf Bauch, Rücken usw. über. Ich schiebe Teile der Plane über Widerrist oder Rücken und breite nach und nach die gesamte Plane auf dem Pferd aus. Vorsicht ist allerdings geboten, wenn die Plane plötzlich rechts am Pferd herunterhängt und ich links stehe. Viele Pferde versuchen dann, nach links zu springen, und ich laufe Gefahr, niedergerannt zu werden.

Balou war ein fünfjähriger, von Natur aus sehr ängstlicher und verspannter Welsh-Cob-Wallach. Beim Anreiten hatte er seine Besitzerin einige Male heftig abgesetzt und gegen die Bande der Reitbahn geschleudert. Sie war so traumatisiert, daß sie nicht mehr mit ihrem Pferd arbeiten konnte. Alles, was von oben kam, war für Balou besonders gefährlich. Bei ihm war Planenarbeit also sehr wichtig. Als er nach einigem Streß gelernt hatte, sich mit der Plane eindecken zu lassen, war für ihn die Basis gelegt. Bald wurde er zu einem zuverlässigen Reitpferd.

Sobald die Plane akzeptiert wird, folgt der nächste Schritt: Ich hebe die Plane über seinem Rücken mit einem Stock hoch. Das sieht für das Pferd so aus, als würde ein Reiter auf ihm sitzen, der entsprechend weit über seinem Rücken hochragt. Auch das ist eine gute Vorübung zum Akzeptieren des Reiters.

Auch vor Sprühflaschen haben Pferde Angst. Ich benutze eine der Sprühflaschen, mit denen man Topfpflanzen wässert. Ich halte das Pferd am Seil und beginne, seine Brust und Seite zu besprühen. Falls es nervös oder ängstlich reagiert, lasse ich mich davon nicht beirren, sondern sprühe weiter. Nach einiger Zeit wird es merken, daß von der Sprühflasche keine Gefahr ausgeht. Manche Pferde versuchen sich, dieser Prozedur zu entziehen, indem sie um mich herumrennen. Dann stelle ich mich einfach an eine Einzäunung und verbaue ihnen den Fluchtweg. Bei ganz sensiblen Pferden richte ich zunächst den Sprühstrahl auf den Boden. So gewöhnen sie sich zunächst an den Zischton. Dann werde ich immer mal auch das Pferd anspritzen. Mit zunehmender Akzeptanz kann ich den Strahl immer mehr auf das Pferd richten.

Regenschirme sind gleichfalls sehr gefährlich.

Haben Sie mal miterlebt, wenn es bei einem Turnier plötzlich anfängt zu regnen und die Zuschauer ihre Regenschirme auspacken? Dann kommt es mitunter zu heftigen Turbulenzen unter den Pferden. Hier heißt es desensibilisieren. Ich nehme das Pferd wieder ans Seil, dazu den Regenschirm, stelle mich etwa zwei Meter vor dem Pferd auf und öffne den Schirm. Wenn das Pferd wegspringen will, lasse ich es. Dank meines langen Seils behalte ich aber die Kontrolle. Ich öffne und schließe den Schirm so lange, bis das Pferd sich nicht mehr davon beeindrucken läßt. Dann beginne ich, es am ganzen Körper mit dem Regenschirm zu berühren und abzureiben – zunächst mit dem geschlossenen, dann mit dem aufgespannten Schirm. Doch Vorsicht: Bei aufgespanntem Schirm darf ich das Pferd nicht mit den Schirmspeichen pieksen. Dann gehe ich mit Pferd und Schirm spazieren, wobei ich den Schirm immer mal wieder öffne und schließe. Bald hat sich das Gespenst Regenschirm in Luft aufgelöst.

Im Prinzip verfahre ich beim Schrecktraining immer nach dem gleichen Schema. Zuerst schaffe ich einen Rahmen, in dem ich mein Pferd mit den Schrecknissen konfrontieren kann – dann tue ich es einfach. Eine feste Einzäunung ist sinnvoll. Sollte ein Pferd nämlich einmal wider Erwarten so heftig reagieren, daß ich es trotz Knotenhalfter und langem Seil nicht halten kann, ist es immer noch eingegrenzt.

„Tun Sie es einfach“ ist eine wichtige Regel, die man verinnerlichen muß. Tun Sie es, und Ihr Pferd wird seine Angst überwinden. Es wird lernen, sich an Ihrer Stärke zu orientieren. Das läßt Sie als Führungspersönlichkeit wachsen. Es macht Ihr Pferd sicherer und Sie stärker.

Kommunikation am Seil

Bisher habe ich vor allem die Arbeit direkt am Pferd beschrieben. Jetzt geht es darum, stärker auf Distanz mit dem Pferd zu kommunizieren. Zwar sieht diese Arbeit am Anfang eher wie Longieren aus

Survivior geht auf der linken Hand. Er ist gut gebogen und voll auf seinen Ausbilder konzentriert. Mit dem Seilende wird er zu stärkerer Aktion aufgefordert.

Ein harter Stop wird eingeleitet. Gleich wird das Pferd anhalten. Die Körpersprache des Ausbilders ist hier deutlich zu erkennen.

und enthält gewiß auch Elemente daraus. Aber vorrangiges Ziel ist es ja nicht, das Pferd an der Leine zu gymnastizieren und körperlich aufzubauen. Vielmehr soll sich eine Kommunikation mit dem Pferd entwickeln, die es ihm ermöglicht, auf Distanz bestimmte Aufgaben zu bewältigen.

Das Pferd trägt die Standardausrüstung Knotenhalfter und langes Seil. Als Hilfsmittel kann der Kontaktstock dienen. Zunächst verzichte ich aber auf diese Unterstützung. Das Pferd soll lernen, auf bestimmte Zeichen hin nach rechts oder links zu gehen, anzuhalten, zu mir zu kommen oder zu weichen. Auch hier arbeite ich wieder mit Abstufungen, die es ermöglichen, mein Ziel mit immer weniger Einwirkung zu erreichen – nach dem Motto „vom Schauen zum Zeigen über das Andeuten zum Einwirken".

Zunächst schicke ich mein Pferd nach links. Ich möchte, daß es mich auf der linken Hand umkreist. Dazu stehe ich frontal zu seiner linken Seite. Meine linke Hand faßt das Leitseil etwa in der Mitte, die rechte etwa 80 Zentimeter vom Ende entfernt. Ich straffe meinen Körper und schaue nach links. Dann zeige ich mit meinem ausgestreckten linken Arm und Zeigefinger ebenfalls nach links.

Natürlich kann mein Pferd am Anfang nicht wissen, was ich von ihm möchte. Jetzt wird meine rechte Hand aktiv. Ich lasse das Seilende aus meinem Handgelenk heraus propellerartig in Richtung Pferdehals kreisen. Damit möchte ich das Pferd

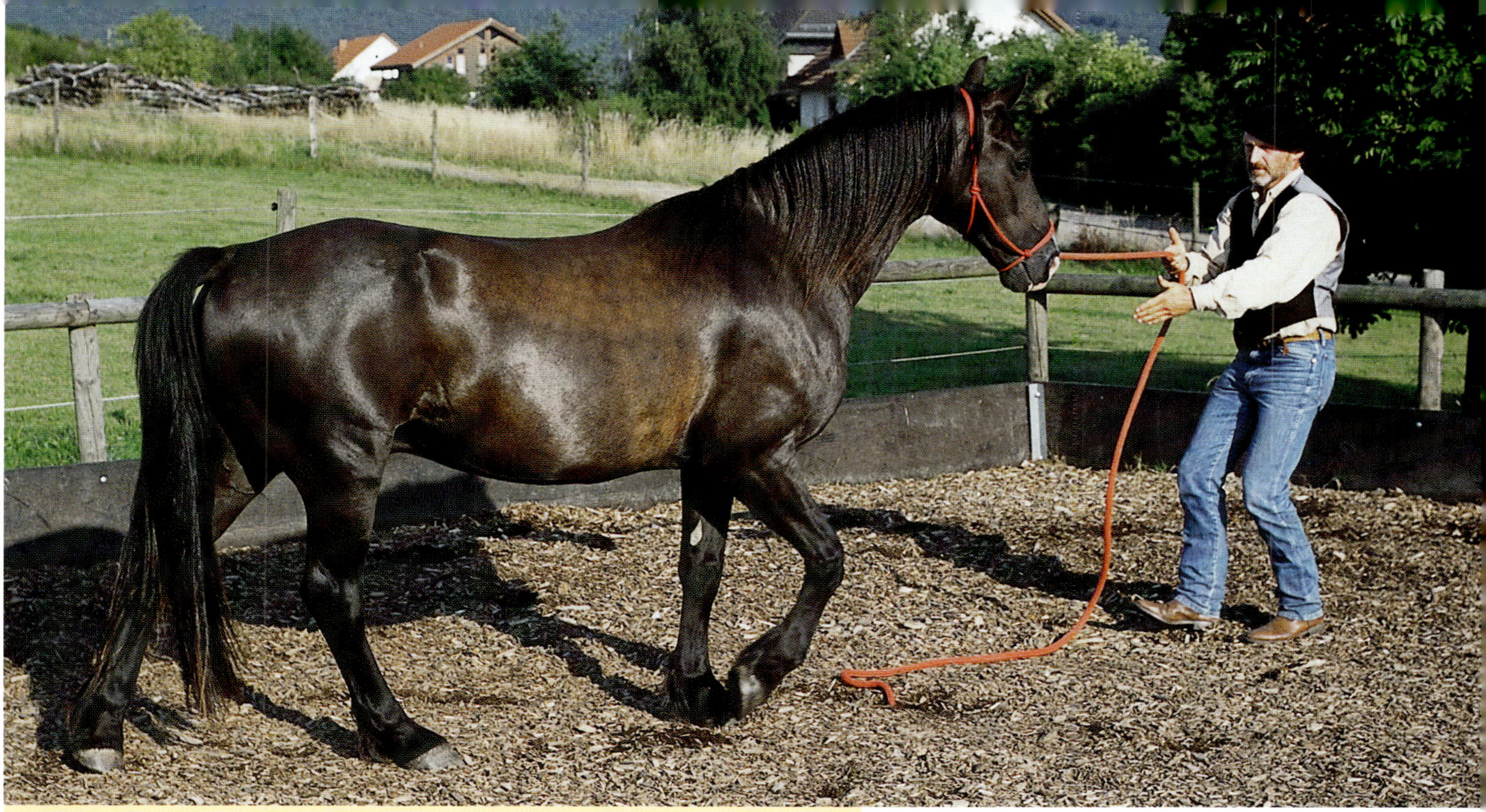

Freundlich und mit deutlichen Gesten wird das Pferd eingeladen, zum Ausbilder zu kommen. Dabei holt man das Seil ein wie ein Fischer sein Netz.

Durch schlangenlinienartige Impulse mit dem Seil werden Signale über das Halfter auf das Nasenbein des Pferds gesendet, die es zum Rückwärtsweichen auffordern.

Das Pferd weicht nach links. Es ist aufmerksam, die Vorderbeine kreuzen deutlich, der Seilpropeller sendet Impulse in Richtung Mittelhand.

nach außen auf die Umlaufbahn bringen.

Longierer kämpfen immer wieder mit folgendem typischem Problem: Um ihr Pferd auf den Hufschlag zu schicken, geben sie Druck auf seine Hinterhand. Daraufhin weicht es mit der Hinterhand nach außen aus und schaut sie an. Natürlich kann es so nicht im Kreis laufen. Diese Leute haben keine Argumente, um ihr Pferd in die richtige Position zu bringen. Folglich können sie nicht longieren. Ein cleveres Pferd nutzt diese Situation rigoros aus, um sich vor der Arbeit zu drücken.

Wenn mein Pferd nicht auf den Seilpropeller reagiert, erfolgt die Andeutung mit mehr Nachdruck. Ich lasse das Seil hochtouriger kreisen und nähere mich damit immer mehr dem Pferdehals. Setzt das Pferd sich jetzt in Bewegung, höre ich augenblicklich mit meiner Einwirkung auf und lasse es seine Arbeit tun. Ich wirke auch nicht weiter ein – es sei denn, das Pferd tut etwas anderes, als ich vorgegeben habe, oder ich möchte ihm eine andere Aufgabe stellen.

Bewegt sich mein Pferd auch jetzt nicht, muß ich vorübergehend die Lederklatsche am Seilende direkt auf den Pferdehals klatschen lassen. Spätestens jetzt wird es sich in Bewegung setzen. Bei allen späteren Übungen verfahre ich immer nach dem gleichen Muster. Wenn ich meine Arbeit gut mache, werde ich das Pferd mit der Zeit mit den Augen lenken können. Will ich mein Pferd nach rechts schicken, muß ich entsprechend spiegelbildlich arbeiten. Will ich es beschleunigen, muß ich hinter ihm einwirken. Dadurch schicke ich es verstärkt nach vorne.

Das kann ich tun, indem ich meine Position verändere. Ich gehe mit einer aggressiven Körperhaltung auf die Hinterhand des Pferds zu. Das wirkt vorwärtstreibend. Diesen Impuls kann ich aber auch mit meinem Seilpropeller geben. Oder ich kann den Kontaktstock einsetzen und mit dem an seiner Spitze angebrachten Seil hinter dem Pferd fest auf den Boden schlagen. Will ich das Pferd abbremsen, so verändere ich meine Position mehr zur Vorderhand hin. Das wirkt verlangsamend. Ich kann aber auch hier wieder vor dem Pferd deutlich mit dem Kontaktstock einwirken.

Wenn ich möchte, daß mein Pferd einen harten Stop macht, nehme ich mir wieder eine Einzäunung zur Hilfe. Ich longiere das Pferd so, daß es bei jeder Runde an dieser Begrenzung vorbei muß. In einem geeigneten Augenblick – etwa eine Pferdelänge, bevor es den Zaun erreicht – versperre ich ihm dann sehr impulsiv den Weg. Dabei gehe ich sehr deutlich auf seinen Kopf zu, reiße meine Arme auseinander und mache mich groß. Wenn ich den richtigen Zeitpunkt erwischt habe und meine Aktion nachdrücklich genug war, wird es kaum ein Pferd geben, das jetzt nicht stoppt. Tut es das, entspanne ich sofort und gönne ihm eine Denkpause.

Durch solche Aktionen verblüffe ich regelmäßig die Pferde. Sie bringen mir viel Respekt und Aufmerksamkeit ein. Alle diese Lektionen kann ich auch mit Lauten kombinieren. Welches Wort oder welchen Laut Sie für welche Lektion verwenden, ist egal. Wichtig ist nur, daß Sie für dieselbe Sache immer dasselbe Kommando benutzen. Nur so kann das Pferd beides miteinander verknüpfen. Manche benutzen beim Stoppen das Wort „Hoh!", andere sagen „Halt!". Genausogut könnten sie „Schnaps" sagen, denn das Pferd versteht den Sinn des Worts nicht. Es ist der immer gleiche Wortklang, der in Verbindung mit der Körpersprache dazu führt, daß das Pferd mit der Zeit eine bestimmte Lektion mit ihm verbindet.

Ich benutze Zischlaute. Sie sind vom sprachlichen Aufwand sehr gering, und ich kann sie sehr differenziert einsetzen. Zum Stoppen verwende ich ein kurzes, scharfes Zischen. Ein langes, weiches Zischen bedeutet „Geh etwas langsamer!". Ein mittelstarkes, etwas nachdrücklicheres heißt „Schalte eine Gangart tiefer!". Beim Zischen lasse ich deutlich Luft aus meinem Körper. Dadurch läßt meine Körperspannung so stark nach, daß mein Körper mehr oder weniger zusammensinkt. Zum Zischen kommt also eine Körperkommunikation dazu. Ein gut geschultes und aufmerksames Pferd wird hierauf reagieren.

Übe ich diese Kommandos am Boden, kann ich später vom Sattel aus auf sie zurückgreifen. Hier bewirken die unterschiedlichen Zischlaute ein differenziertes Abkippen des Beckens. In Verbindung mit anderen Hilfen hat dies wiederum zur Folge, daß mein Pferd in unterschiedlicher Weise die Gangart verändert. Genauso verhält es sich mit den Aufforderungen zum Schnellergehen. Dazu können Sie in aufmunternder Weise die geläufigen Worte „Scheeritt", „Teerab" oder „Gaalopp" einsetzen. Ich benutze zum Antreten allerdings lieber ein kurzes „Auf!", zum Antraben einen Schnalzer und zum Angaloppieren ein kurzes „Hopp!". Egal wofür Sie sich entscheiden – auch hier kommt es wieder darauf an, daß Sie immer denselben Laut benutzen.

Zurück zur Arbeit am Seil. Jetzt möchte ich das Pferd bitten, von der Umlaufbahn zu mir in den Kreis zu kommen. Dazu richte ich es mit dem Kopf zu mir herein und bringe es rückwärtsgehend immer näher zu mir her. Gleichzeitig hole ich, ähnlich wie ein Fischer es mit seinem Netz macht, das Seil ein. Wenn das Pferd in erreichbarer Nähe ist, gehe ich noch ein oder zwei Schritte weiter und streichele ihm die Stirn. Nun bleibe ich stehen und gebe ihm eine Pause. Durch die Gestik, die ich beim Seileinholen benutze, präge ich es dahingehend, daß ich es später auch ohne Seil zu mir winken kann. Wichtig ist auch hier, daß ich immer nach demselben Schema vorgehe.

Diese Lektion ist auch eine gute Vorübung für das spätere Durch-den-Zirkel-wechseln. Auch dabei muß ich das Pferd ja zunächst einmal in den Zirkel holen, um es dann auf die andere Hand wechseln zu lassen und wieder herauszuschicken.

Als nächstes soll mein Pferd lernen, durch leichte Seilimpulse am Kopf rückwärtszugehen, anzuhalten oder die Gangart zu verlangsamen. Erinnern wir uns an das Kapitel über Druckpunktanwendungen. Die erste Übung bestand darin, durch Druckimpulse auf die Nase das Pferd zu sensibilisieren. Die nun folgende Lektion ist eine Fortsetzung. Durch seitwärtiges, schlangenlinienartiges Schütteln des Seiles sende ich die Impulse jetzt aus der Distanz über das Nasenband des Halfters an mein Pferd.

Als Erinnerungshilfe wiederhole ich zunächst

noch einmal die vorangegangene Übung. Dann beginne ich kombiniert zu arbeiten. Meine linke Hand liegt auf der Nase des Pferds. Die rechte hält das Führseil etwa einen Meter vom Halfter entfernt. Das Seil hängt etwas durch, sein Ende liegt auf dem Boden. Jetzt hebe ich meine rechte Hand mit erhobenem Zeigefinger hoch und beginne sie zu schütteln. Dadurch gerät das Seil in Bewegung und sendet feine Impulse auf die Pferdenase. Gleichzeitig senden die Finger der linken Hand Druckimpulse. Weicht das Pferd rückwärts, mache ich sofort eine Pause.

Später beginne ich immer mit dem Seilimpuls. So hat mein Pferd die Chance, allein auf diesen zu reagieren. Nur wenn es das nicht tut, kommt der Fingerimpuls dazu. Auf diese Weise lernt mein Pferd mit der Zeit, auf leichte Seilimpulse hin mit mir zu kommunizieren. Bei richtiger Übung kann man es sogar durch Schütteln des erhobenen Zeigefingers zum Anhalten oder Rückwärtsweichen veranlassen.

Denken Sie daran: Verläßliche Ergebnisse erhalten Sie nur, wenn Sie Ihre Lektionen über die Politik der kleinen, aber konsequenten Schritte aufbauen. Hat mein Pferd einmal verstanden, was es soll, kann ich die linke Hand weglassen und zusehends die Distanz zwischen uns vergrößern. Dabei spielt meine Position keine Rolle mehr. Solange ich das Seil in der Hand habe, kann ich die Impulse von vorne, von der Seite oder auch hinter dem Pferd stehend senden. Je nach Gangart und Schüttelintensität kann ich jetzt vom Rückwärtsgehen bis zum Stop aus dem Galopp die unterschiedlichsten rückwärtswirkenden Kommandos geben – eine einfache und sehr effektive Methode.

Auch das Seitwärtsschicken des Pferds gehört hierher. Es bietet sich an, das Pferd beim Seitwärtsschicken mit dem Kopf an eine Bande zu stellen, um es nach vorne zu begrenzen. Möchte ich es nach rechts weichen lassen, stehe ich auf Schulterhöhe etwa anderthalb Meter links neben ihm. Mit der linken Hand halte ich über das Seil den Kontakt zum Pferdekopf. Die Rechte betätigt wieder den Seilpropeller in der beschriebenen Weise, diesmal allerdings gegen die Mittelhand des Pferds. So wirke ich seitwärtstreibend auf das Pferd ein. Weicht es einen Schritt, mache ich eine Pause. Das Prinzip kennen Sie. Beim Seitwärtsschicken muß ich darauf achten, daß ich mein Pferd nicht am Kopf festhalte, sondern soviel Seil gebe oder soweit selbst mitgehe, wie es weicht. Andernfalls kann keine gleichmäßige Seitwärtsverschiebung stattfinden. Später ist diese Übung auch ohne vordere Bandenbegrenzung möglich. Dann begrenze ich das Pferd durch leichtes Seilschütteln mit der linken Hand nach vorne.

Wenn alle Lektionen gut gefestigt sind, kann ich mit entsprechend längeren Seilen auf größere Distanz arbeiten. Mit dem Kontaktstock kann ich jetzt auch auf größere Entfernung effektiv kommunizieren. Die Kommunikationsweise bleibt die gleiche. Dabei ist der Kontaktstock nichts weiter als eine Verlängerung meines Arms mit einer abgespeckten Version des Seilendes vorne.

Auch die Knotenhalfter-Seil-Kombination ist ein einfaches, aber vorzügliches Handwerkszeug, das sich ideal für die Basisarbeit eignet. Allerdings sind mir eine Handvoll Pferde begegnet, bei denen ich mit diesem Handwerkszeug an meine Grenzen stieß. Melina, eine eigensinnige Welsh-Cob-Mischlingsstute von mittlerer Größe, mit steifem Körper und kurzem, dickem Hals, kam zu mir, weil sie alle Anfragen ihrer Besitzerin mit starkem Kopfschlagen beantwortete. Alle medizinischen Untersuchungen ergaben keinen Befund. Folglich lag es nahe, das Problem in der Persönlichkeit des Pferds zu suchen – wie sich später herausstellte, zu Recht.

Nachdem ich alle Vorarbeiten mit ihr erledigt hatte, wollte ich sie am Seil auf die Umlaufbahn schicken. Aber damit war Melina nicht einverstanden. Sie drehte kurzerhand ihren Kopf nach außen und rannte los. Dabei feuerte sie ganz gezielt mit den Hinterbeinen nach mir und traf mich am Oberschenkel. Hätte ich Melina besser im Kopf stellen können, wäre mir diese schmerzhafte Erfahrung wohl erspart geblieben. Hier hatte ich mit dem beschriebenen Equipment also keine Chance, sondern mußte die Stute an der Nase fassen. Mit einem nicht sehr stark gepolsterten Kappzaum konnte ich Melina schließlich meine Idee vermitteln und mich bei ihr durchsetzen. Mitunter reicht es auch schon, wenn ich den Haken des Arbeitsseiles anstatt in die Halfterschlaufe unterm Kinn des Pferdes in das Nasenband einhake.

Die besondere Herausforderung in der Pferdearbeit ist die Individualität der einzelnen Pferde. Wer meint, mit Standardlösungen alle Pferde gleich behandeln zu können, kommt nicht weit.

Hier findet eine feine Kommunikation ausschließlich durch leichte Fingerzeichen statt. Es ist kein Zerren, Ziehen oder Schubsen nötig, um das Pferd zu bewegen.

Weichen durch Zeichen

Haben Sie einmal beobachtet, wie ein Leittier sich in der Herde verhält? Wie die Herdenmitglieder ihm respektvoll weichen und Platz machen, wenn es darauf besteht? Mit welchen Körpersprache-Signalen das Leittier sein Recht fordert?

Meine eigene Stammherde umfaßt zehn Pferde der unterschiedlichsten Rassen, die in einer großen Offenstallanlage am Haus leben. Besonders im Winter kann ich sie ausgezeichnet beobachten. Manchmal veranstalte ich kleine Experimente, um das Verhalten der Pferde noch besser kennenzulernen. Zum Beispiel schütte ich eine Handvoll Hafer irgendwo auf den Boden und warte gespannt, wer da als erster den Hafer entdeckt und anfängt, davon zu fressen. Wie reagiert das am nächsten stehende ranghöhere Pferd darauf, und wie fordert es sein Vorrecht auf das Futter ein? Wie verhält sich das weggejagte Pferd? Akzeptiert es, weggejagt zu werden, oder „motzt“ es? Gibt es seinen Ärger an andere Tiere weiter?

Eines unserer Herdenmitglieder zum Beispiel umkreist dann lauernd das Leittier, um vielleicht doch noch ein Körnchen zu erhaschen. Das Leittier aber, sehr auf der Hut, sendet immer wieder kleine Drohungen aus, um sich den Frechling vom Leib zu

Das Pferd erhält immer die Chance, auf feine Zeichen zu weichen. Falls es diese ignoriert, muß die Einwirkung vorübergehend verstärkt werden, damit die gewünschte Reaktion erfolgt.

Weicht das Pferd nicht mit der Hinterhand, wenn es dazu aufgefordert wird, wird das ranghöhere Pferd seine Zähne einsetzen – hier imitiert durch die Lederklatsche am Seilende.

halten. Es droht, indem es mit angelegten Ohren seinen Kopf Richtung Rivale stößt, ihm das Hinterteil zudreht oder warnend ein Bein hebt. Wenn das nichts nützt und der andere gar zu aufsässig wird, erfolgt eine heftige Attacke, die die Verhältnisse definitiv klären soll.

Neben dem Futter hat das Leittier nämlich noch etwas zu verlieren: den Respekt der anderen. Grundsätzlich gehört das Futter zunächst einmal dem Leittier. Wenn es will, gibt es etwas davon ab – aber eben nur, wenn es will.

Mißachtet ein Herdenmitglied dieses Vorrecht, stellt es den Führungsanspruch des Leittiers in Frage. Wenn das Leittier seine Position erfolgreich verteidigen will, muß es also den Provokateur sanktionieren.

Besonders spannend wird es, wenn ich selbst die Initiative ergreife und das Leittier vom Hafer vertreibe. Ich probiere dabei verschiedene Körperhaltungen aus und beobachte, wie die Pferde reagieren. Bei solchen Spielen können Sie testen, ob Sie wirklich Autorität besitzen. Doch Vorsicht: Wenn Sie sich nicht ganz sicher sind, daß Sie Ihren Führungsanspruch durchsetzen können, sollten Sie lieber die Finger davon lassen. Es tut Ihrem Ansehen bestimmt nicht gut, wenn Ihr Pferd Sie vom Futter verjagt...

Im Kapitel „Pferdeausbildung“ ging es um die Sprache der Pferde, unter anderem um die Phasen des aggressiven Drohens. Es wurden natürliche Verhaltensweisen beschrieben, mit denen das ranghöhere Tier sein Recht durchsetzt. Dieses Wissen mache ich mir zunutze und versuche, die Verhaltensweisen der Pferde zu imitieren. Damit will ich zwei Dinge erreichen. Erstens möchte ich eine Kommunikation aufbauen, die es mir ermöglicht, mein Pferd über feine Handzeichen weichen zu lassen. Zweitens möchte ich wieder meinen Führungsanspruch festigen. Auch hier gilt das schon mehrfach erwähnte Motto: so wenig wie möglich, aber soviel wie nötig.

Meine erste Lektion heißt: das Pferd mit der Vorderhand seitlich weichen lassen. Seil und Knotenhalfter sind angelegt, ich stehe etwa zwei Meter neben seinem Kopf. In einer Hand halte ich das Führseil. Nun richte ich mich auf, fixiere das Pferd scharf mit den Augen und nehme dann den Kopf vor. Auf diese Weise deute ich an, daß ich genau dort durchgehen möchte, wo seine Vorhand steht. Jetzt hebe ich eine Hand und zeige mit dem ausgestreckten Zeigefinger auf seinen Kopf. Ich gehe selbstsicher auf das Pferd zu und schicke mit dem ausgestreckten Finger rhythmische Zeichen auf sein Auge. Weicht es jetzt zur Seite, so gönne ich ihm eine Pause und entspanne.

Erreiche ich dagegen den Kopf, ohne daß das Pferd Anstalten zum Weichen macht, klatsche ich ihm mit einer leicht hohl gekrümmten Hand auf den Backenmuskel. Spätestens jetzt müßte es weichen. Diese Aktion ist nicht schmerzhaft, aber durch das hohle Klatschgeräusch sehr wirkungsvoll. Natürlich muß ich dem Pferd auch soviel Seil geben, daß es weichen kann. Beim nächsten Mal fange ich wieder mit der feinsten Einwirkung an und steigere sie, bis das Pferd reagiert – aber das kennen Sie ja schon.

Als nächstes soll das Pferd lernen, auf mein Zeichen hin mit der Hinterhand zu weichen. Die Vorgehensweise ist dieselbe: Wenn die Hinterhand nach rechts weichen soll, hält meine linke Hand das Seil, ich stehe etwa zwei Meter neben dem Pferd. Der einzige Unterschied: Jetzt hält auch meine rechte Hand mit ausgestrecktem Zeigefinger das Seil – und zwar so, daß ich es als Propeller einsetzen kann. Ich fixiere die Hinterhand und gehe sehr bestimmt auf sie zu. Gleichzeitig läßt meine Rechte das Seil Richtung Pferdehinterteil rotieren, um das Pferd wegzuschicken. Wenn es weicht, bekommt es vor dem nächsten Einsatz die bekannte Pause. Wenn es nicht weicht, lasse ich das Seilende seitlich an seine Hinterhand klatschen. Das entspricht der Herdensituation, in der das eine Pferd das andere ins Hinterteil beißt, wenn es die vorangegangenen Andeutungen nicht respektiert hat. Ich kann dem Pferd beim Weichen helfen, indem ich seinen Kopf ein wenig zu mir nehme. Das erleichtert ihm das Wegschwenken der Hinterhand. Später soll dann aber als einzige Hilfe der sich rhythmisch bewegende Zeigefinger übrigbleiben, mit dem ich auf den Körperteil einwirke, der weichen soll.

Indem ich mit Hilfe einer Bogenpeitsche einen Impuls auf der gegenüberliegenden Körperseite anbringe, weicht das Pferd zu mir hin. Mit der Zeit reichen dafür nur noch Handzeichen aus.

Ich will das Pferd nicht dazu erziehen, daß es ständig vor mir ausweicht, wenn ich mich ihm nähere. Das soll es nur, wenn ich es dazu auffordere. Folglich muß ich sehr differenziert mit meiner Körpersprache arbeiten. Möchte ich, daß das Pferd weicht, schaue ich das entsprechende Körperteil scharf an. Mein Körper ist aufgerichtet, und ich wirke sehr direkt und zielstrebig ein. Nähere ich mich meinem Pferd ohne platzfordernden Anspruch, spreche ich eine andere Sprache. Ich habe den Blick gesenkt, mein Körper ist entspannt, und ich nähere mich ihm eher langsam und passiv und nicht in direkter Linie.

Mein Pferd hat gelernt, Vor- und Hinterhand auf meine Anfrage hin wegzunehmen. Nun verknüpfe ich diese beiden Lektionen miteinander, um es seitwärtszurichten. Ich stelle es wieder mit dem Kopf an einen Zaun, stelle mich auf Schulterhöhe neben das Pferd und schaue es an. Jetzt lasse ich abwechselnd seine Vor- und Hinterhand jeweils einen Schritt weichen. Das Ergebnis ist eine Seitwärtsverschiebung von mir weg. Ich kann das Pferd aber auch zu mir hin weichen lassen. Als Hilfsmittel bietet sich hier eine Bogenpeitsche an, wie sie aus dem Fahrsport bekannt ist; aber auch der Kontaktstock oder eine lange Gerte kann benutzt werden. Ich stehe in der gleichen Position wie eben, halte aber meine Arme weit über meinem Kopf. Mit der dem Pferdekopf zugewandten Hand fasse ich das Führseil, mit der anderen die Bogenpeitsche. Nun touchiere ich über den Rücken des Pferds hinweg seine äußere Flanke. Weicht es diesem Impuls, wird es sich seitlich zu mir hinbewegen. Danach gehe ich nach dem bekannten Muster vor.

Später werde ich mit erhobenen Händen mein Pferd seitlich zu mir winken können. Das ist übrigens eine praktische Sache, denn sie erleichtert das Aufsitzen. Um bequem aufsitzen zu können, lasse ich das Pferd seitlich an einen erhöhten Gegenstand andocken. Das ist vor allem dann praktisch, wenn ich ohne Sattel aufsteige. Es hat mir aber auch schon bei der Ausbildung besonders großer und schwieriger Pferde geholfen. Sobald solche Pferde die Lektion gelernt haben, kann ich sie seitlich an ein Podest treten lassen. Von hier aus kann ich sie gut von oben auf den Reiter vorbereiten, ohne gleich aufsteigen zu müssen. Wenn ich dann tatsächlich das Aufsitzen übe, muß ich mich nicht mit großem Kräfteaufwand an ihrer Seite hochhangeln.

Der Warmblüter Zambo war ein solcher Problemfall. Wegen seiner Größe war es ohnehin nicht so einfach, ihn zu erklimmen. Nun hatte Zambo auch noch die Angewohnheit, während des Aufsitzens loszubuckeln. Mit der geschilderten Methode konnte ich ihn gut vorbereiten.

Nehmen Sie jedoch nicht an, daß die Druckpunktanwendungen durch diese Zeichenkommunikation überflüssig würden. Die Druckpunktanwendung ist eine Kontaktkommunikation. Dabei soll das Pferd bewußt lernen, auf Körperkontakt zu reagieren und auf Druckreize zu weichen. Sie dient als Vorbereitung auf die Kommunikation unter dem Sattel. Schließlich ist es schlecht möglich, mich vom Sattel aus mit dem Pferd über Zeichen zu verständigen.

Roundpen

Der Roundpen als runder, fest eingezäunter Platz mit 15 bis 18 Metern Durchmesser eignet sich sehr gut dazu, mit einem Pferd ohne Anbindung an Seil oder Longe eine Beziehung oder Kommunikation aufzubauen. Durch die runde Form bleibt das Pferd besser in Bewegung als bei einem eckigen Platz. Der Ausbilder kann von der Mitte aus auf kurzem Weg hervorragend einwirken. Da meist ohne Anbindung gearbeitet wird, muß die Einzäunung

Kommunikation aus der Entfernung: Durch einen kräftigen Schlag mit dem Kontaktstock auf den Boden hinter dem Pferd wird dieses verstärkt nach vorn geschickt.

stabil sein. Immer wieder kommt es vor, daß überreagierende Pferde bei zu starker Einwirkung die Einzäunung zu durchbrechen versuchen.

Wenn sie dabei öfter Erfolg haben, kann das in Zukunft auch am Weidezaun passieren.

Der Roundpen ermöglicht eine sehr dynamische Arbeitsweise. Wie bei kaum einer anderen Methode kommt es hier auf Körpersprache und Körperposition an. Will ich im Roundpen erfolgreich mit Pferden kommunizieren, muß ich ihre Sprache kennen. Auch die Freiheitsdressur im Zirkus ist Roundpen-Arbeit. Allerdings werden hier alle Lektionen von Anfang an mit Longen erarbeitet. Erst nach langer Vorbereitungszeit löst man sich langsam von ihnen.

Ich arbeite aus zwei Gründen gern im Roundpen. Erstens mache ich hier Beziehungstraining, bei dem das Pferd und ich unser Verhältnis zueinander klären. Monty Roberts nennt diese Klärung „Join up“. Es geht darum, durch die Imitation von natürlichen, in der Herde gebräuchlichen Verhaltensweisen den Respekt des Pferds zu erhalten. Dabei macht sich der Mensch das Bedürfnis des Pferds nach Gemeinschaft zunutze. Man hat beobachtet, daß ein Pferd, das gegen die Regeln der Herde verstößt, von der Leitstute durch Ausschluß aus der Herdengemeinschaft sanktioniert wird. Wenn ein wildlebendes Pferd dauerhaft aus der Herdengemeinschaft ausgestoßen wird, hat es schlechte Überlebenschancen. Deshalb wird es sich darum bemühen, wieder in die Gemeinschaft aufgenommmen zu werden. Hat es lange genug gebüßt, so bittet es also durch bestimmte Verhaltensweisen um

Wiederaufnahme und signalisiert, daß es die Spielregeln anerkennt. Das Leittier gibt dann seine Abwehr auf und sendet dem Störenfried durch seine passive Körperhaltung Signale von Versöhnungsbereitschaft und Wiederaufnahme in die Herde.

Hier setze ich bei der Roundpen-Arbeit an. Ich löse es vom Seil und gebe ihm Gelegenheit, sich mit der Umgebung vertraut zu machen. Dann treibe ich es durch Druck auf die Hinterhand von mir weg. Als Kommunikationsmittel kann ich mein Seil, eine Longe oder den Kontaktstock mit Seil benutzen. Bei Seil oder Longe halte ich das eine Ende fest und werfe das andere gegen den Pferdehintern. Beim Kontaktstock schlage ich das Seilchen mit viel Energie hinter dem Pferd auf den Boden. Mein Körper ist aufgerichtet, mein Gang zielorientiert und selbstsicher. Ich schaue das Pferd durchdringend an. Dadurch baue ich Druck auf, der das Pferd zum Weglaufen nötigt.

Jetzt bewegt es sich auf dem Hufschlag. Ich gehe in einem engeren Zirkel hinter ihm her und lasse ihm keine Pause. In Abständen bringe ich immer wieder meinen Druck von hinten an. Man sagt, daß Pferde eine Fluchtdistanz von etwa einem halben Kilometer haben und danach beginnen, sich dem Verfolger zuzuwenden. Bei besonders ignoranten oder dominanten Pferden ist die Fluchtdistanz größer, bei anderen oft kleiner. Immer wieder fordere ich einen Richtungswechsel. Dazu gehe ich einfach quer durch den Zirkel und schneide dem Pferd so den Weg ab. Ich nehme eine bedrohliche Haltung an und reiße die Arme hoch. Manchmal muß ich sogar Longe oder Kontaktstock vor dem Pferd einsetzen, damit es in die Gegenrichtung läuft. Von ignoranten Pferden werde ich mehr Richtungswechsel fordern. Dadurch werden sie mir gegenüber aufmerksamer.

Ich habe die Erfahrung gemacht, daß die schwierigsten und ignorantesten, ja gefährlichsten Pferde oft die sind, die unter falsch verstandener Pferdeliebe aufgezogen wurden. Diese Pferde haben gelernt, sich gegen den Menschen durchzusetzen. Wenn sie dieses Privileg dann aufgeben sollen, kommt es mitunter zu heftigen Diskussionen. Zu Pferden, die in der Herde die natürlichen Spielregeln kennengelernt haben, erhalte ich dagegen sehr viel schneller Zugang. Wenn das Pferd beginnt, mich zu respektieren, dreht es mir zunächst ein, dann beide Ohren zu und sieht mich an. Als nächstes senkt es den Kopf. Beginnt es dann, deutlich mit dem Maul zu schmatzen oder sich die Lippen zu lecken, so teilt es mir mit, daß es mich anerkennt und sich mir anschließen möchte.

Jetzt ist der Zeitpunkt gekommen, um dem Pferd meine Gemeinschaft anzubieten. Dazu entspannt sich mein Körper. Ich bleibe stehen, nehme den Blick vom Pferd weg und senke den Kopf. Habe ich mich bisher frontal dem Pferd zugewendet, vollführe ich jetzt eine Viertelkörperdrehung und zeige ihm die Schulter. Ich signalisiere damit Frieden und Aufnahmebereitschaft. Im Idealfall wird sich das Pferd mir jetzt von hinten nähern und den Anschluß suchen. Ich gönne ihm eine längere Pause und lasse es die Ruhe in meiner Nähe genießen. Wenn ich anschließend weggehe, wird es mir nachlaufen. Geht es nicht auf meine Einladung ein, beginnt der Prozeß von neuem. Es macht keinen Sinn, den Anschluß einzuleiten, wenn das Pferd noch nicht seine Bereitschaft dazu signalisiert hat. Diese Art der Arbeit im Roundpen bietet sich bei unerfahrenen Pferden oder bei Korrekturpferden an. Aber auch bei meinen älteren und ausgebildeten Pferden kann ich damit immer mal wieder die Verhältnisse zurechtrücken.

Zweitens erarbeite ich im Roundpen als eine Art Freiheitsdressur bestimmte Lektionen mit dem Pferd. Zuvor muß die Beziehungsarbeit geleistet worden sein. Im Prinzip ist es die gleiche Technik wie bei der Kommunikation am Seil – mit dem Unterschied, daß das Pferd nicht durch die Länge des Seils, sondern die Einzäunung des Roundpen begrenzt wird.

Habe ich gut am Seil vorgearbeitet, wird das Pferd meine Körpersprache schon einigermaßen kennen. Hier kommt es darauf an, daß man über die sogenannte Treiblinie Bescheid weiß. Sie befindet sich hinter der Schulter – etwa dort, wo normalerweise der Sattelgurt liegt. Jede Einwirkung, die dahinter einsetzt, wirkt vorwärtstreibend, jede davor bremsend. Wirke ich direkt auf die Treiblinie ein, treibe ich das Pferd nach außen. Will ich das Pferd beschleunigen, werde ich mehr oder weniger stark von hinten treiben. Soll es stoppen, agiere ich von vorne. Zum Verlangsamen wirke ich seitlich auf die Vorhand ein. Gehe ich beim Stoppen zu aggressiv vor, kann es passieren, daß das Pferd in die Gegenrichtung davonläuft. Durch Heben und Senken des Kontaktstocks kann ich das Pferd zum Rückwärtsgehen auffordern.

Hier wird das Pferd eingeladen, zu mir zu kommen. Vergleichen Sie die Szene auf Seite 71 oben, wo mit Hilfe des Seils wichtige Vorarbeit für diese Lektion geleistet wird.

Am Anfang hebe und senke ich den Kontaktstock direkt vor der Nase des Pferds. Mit der Zeit kann ich das auf immer größere Entfernung tun. Mache ich zuviel Druck, kann es auch hier passieren, daß das Pferd umdreht und sich entzieht. Möchte ich mein Pferd zu mir kommen lassen, winke ich es rückwärtsgehend zu mir. Dabei bewege ich mich spiralförmig nach außen auf die Begrenzung des Roundpen zu. So schneide ich ihm immer mehr den Weg ab, bis es schließlich direkt vor mir läuft und auf mich zukommt. Jetzt kann ich es, weiter rückwärtsgehend, zu mir „hinziehen“. Das funktioniert am besten, wenn ich etwas seitlich vor das Auge des Pferds gehe. Wenn es nicht an meiner Einladung interessiert ist, lasse ich es verstärkt arbeiten und lade es nach einiger Zeit wieder ein.

Will ich mein Pferd durch den Zirkel wechseln lassen, arbeite ich nach folgendem Schema: Der Zirkel ist sozusagen ein Zifferblatt mit der Stundeneinteilung von 1 bis 12. Ich stehe in der Mitte des Kreises. Das Pferd geht auf der linken Hand, also gegen den Uhrzeiger. In dem Moment, in dem es bei 12 Uhr vorbeikommt, beginne ich, mich rückwärts nach 6 Uhr zu bewegen, um vor ihm an dieser Stelle zu sein. Stehe ich auf dem Hufschlag, wird das Pferd genötigt, vor meiner Nase, mehr zur Mitte hin diese Stelle zu passieren. Wenn es fast an mir vorbei ist, bewege ich mich schnell wieder Richtung Zirkelmitte. Dabei übe ich Druck auf die rechte Seite der Hinterhand aus und nötige das Pferd, sie nach links wegzunehmen. Automatisch schwenkt es dabei mit der Vorderhand nach rechts – der Richtungswechsel ist eingeleitet.

Aufgaben am Boden

Leiten und schicken

In diesem Kapitel werden Sie die erlernten Techniken praktisch anwenden. Erinnern Sie sich an die Ausführungen über die Leittiertypen und Leitpositionen: die Leitstute, die vorweggeht und die Herde hinter sich herführt, und der Hengst, der aus einer anderen Leitposition die Herde vor sich hertreibt. Beide sind Leittiere, aber sie haben unterschiedliche Funktionen und Arbeitsweisen. Bei unseren domestizierten Pferden, die in oft bunt zusammengewürfelten Herdengemeinschaften leben, wird es schwerfallen, solche klaren Strukturen zu erkennen. Das hat verschiedene Gründe. Domestizierte Pferde haben ganz andere Lebensbedingungen als ihre wildlebenden Artgenossen. Sie müssen keinen Überlebenskampf ausfechten, und ihr Lebensraum ist sehr stark begrenzt. Bei ihnen gibt es nicht den typischen Familienverband mit klarer Geschlechterordnung. Männliche Tiere sind meist kastriert, Hengste leben selten in der Herde. Die klassische Rollenverteilung ist also verblaßt.

Dennoch gibt es auch in diesen Lebensgemeinschaften Rangordnungen, bei denen ein Tier die Führung übernimmt. Mal geht es voran und führt, mal treibt es die anderen vor sich her. Diese Eigenschaften wollen wir uns zunutze machen und mit ihrer Hilfe die Pferde dazu bringen, bestimmte Aufgaben zu erledigen. Dazu können wir entweder vor dem Pferd hergehen und es so durch die Aufgaben führen. Oder wir können das Pferd schicken und es seine Aufgaben mehr aus der Distanz und selbständig tun lassen. Die weit größere Faszination und Dynamik besitzt das Schicken.

Das Vier-Türen-Prinzip

Bei allem, was ich mit Pferden tue, muß ich ihnen einen Rahmen setzen. Dieser Rahmen kann unterschiedliche Formen haben, die von der jeweiligen Aufgabenstellung bestimmt werden. Jeder Rahmen hat vier Türen: eine Vordertür, je eine linke und rechte Seitentür und eine Hintertür. Je nach Anforderung werden bestimmte Türen geöffnet und andere geschlossen. Das ist immer so, egal ob ich mein

Das Pferd hat gelernt, sich fortschicken zu lassen. Dieser Lernschritt wird nun in praktischen Aufgaben angewendet.

Pferd am Boden arbeite und es dabei am Seil führe bzw. schicke oder ob ich es im Roundpen arbeite. Auch bei der Arbeit unterm Sattel und sogar beim Entspannen gilt das Vier-Türen-Prinzip.

Möchte ich zum Beispiel mein Pferd nach vorne schicken, mache ich die Vordertür auf. Dazu gebe ich ihm vorne Luft. Die äußere Seitentür ist geschlossen, entweder durch die Länge des Seils oder der Longe oder durch die Umzäunung des Roundpen. Die innere Seitentür ist dadurch geschlossen, daß ich dort stehe und das Pferd mit meinem Körper begrenze. Dabei können mir Hilfsmittel wie Seilende oder Kontaktstock helfen. An der Hintertür wird jetzt ein Reiz aufgebaut, der das Pferd veranlassen soll, durch die offene Vordertür nach vorne zu gehen (siehe Kapitel „Kommunikation am Seil"). Ob Sie Ihr Pferd nach vorne, zur Seite oder rückwärts schicken wollen – immer müssen Sie die entsprechende Tür öffnen, die anderen schließen und an der gegenüberliegenden Seite einen Impuls geben, um das Pferd durch die geöffnete Tür zu schicken.

Trail- und Geländehindernisse bewältigen

Wenn ein Pferd für die Kommunikation am Seil sensibilisiert ist, kann ich weiterführende Aufgaben angehen. Das Vier-Türen-Prinzip ist dabei eine große Unterstützung. Dafür eignen sich besonders Trail- und Geländehindernisse. Sie kennen sicher alle diese Hindernisse bei Reiterrallyes und Trailwettbewerben: Man muß eine Plastikplane überqueren, über einen Baumstamm springen, durch einen Flattervorhang reiten, einen Engpaß durchqueren, über eine Wippe oder seitwärts über eine am Boden liegende Stange gehen, das Pferd in einem engen Stangenviereck herumdrehen oder rückwärts in eine Stangengasse einparken. Der Phantasie sind keine Grenzen gesetzt.

Spannender wird's allerdings bei Naturhindernissen. Hier kann ich das Pferd über Bäche oder Gräben schicken und wieder zurückholen, es Steilhänge erklimmen lassen oder Abhänge hinunterschicken. All diese Übungen festigen die Partnerschaft zwischen Mensch und Pferd und fördern die Feinabstimmung. Das Pferd lernt, sensibel auf die Anweisungen seines Menschen zu achten und in relativ selbständiger Weise seine Arbeit zu tun. An diesen Aufgaben kann es wachsen und seine Persönlichkeit entwickeln. Es wird zu einem verläßlichen und vertrauensvollen Mitarbeiter.

Klassische Lektionen an der Hand

Die Seitengänge

In den vorigen Kapiteln wurden Kommunikationstechniken geschildert, die fast alle an Halfter und Seil durchgeführt wurden. Die Verbindung zum Pferd war relativ lose und gab ihm keine bestimmte Körperstellung vor.

In diesem Kapitel behandeln wir eine andere Art von Bodenarbeit mit anderen Hilfsmitteln, nämlich Trense mit Zügel und Gerte. Falls das Pferd noch nicht mit der Trense vertraut ist, muß ich es zuerst

Vor allen Lektionen, bei denen die Trense eingesetzt wird, muß das Pferd mit diesem Fremdkörper im Maul vertraut gemacht werden.

damit bekannt machen. Vorarbeiten für die Kommunikation mit der Trense wurden bereits bei den Druckpunktanwendungen und Biegeübungen gemacht.

Will ich mein Pferd nun auftrensen, fordere ich es zunächst auf, den Kopf zu senken. Ich nehme die Trense, lege den Zügel über seinen Hals und fasse mit meiner rechten Hand ins Nackenteil. Das Trensengebiß lege ich auf meine linke Handfläche, meinen Daumen spreize ich ab. Am Anfang kann es hilfreich sein, dem Pferd gleichzeitig mit der Trense ein Stück Apfel oder Brot anzubieten. So kann ich es motivieren, das Gebiß gerne anzunehmen. Ich stehe seitlich links hinter seinem Kopf und halte das Zaumzeug mit der rechten Hand vor seine Stirn. Gleichzeitig bietet ihm meine Linke das Gebiß an. Wenn ich mich an diesen Ablauf halte, dürfte das kein Problem sein. Möchte das Pferd dennoch das Maul nicht öffnen, kann ich mit dem abgespreizten linken Daumen in seinen Maulspalt fahren und es durch ein wenig Druck auf den Unterkieferladen zum Maulöffnen veranlassen.

Hat es das Gebiß genommen, ziehe ich das Nackenstück über die Ohren. Es empfiehlt sich, bei diesen Lektionen dem Pferd ein leichtes Sperrhalfter aufzulegen. Es sollte aber möglichst nach englischer Art oberhalb des Mundstücks verschnallt werden. Wenn ich es zu eng schnalle, behindert es allerdings die Kautätigkeit. Dann macht ein Sperrhalfter keinen Sinn und ist zudem für das Pferd unangenehm. Ein gutes Maß ist es, wenn ich für zwei Finger Platz zwischen Sperrhalfter und Nase lasse. Ich kann aber auch ganz auf dieses verzichten, dann empfiehlt es sich, die beiden Ringe der Trense mit einem lose verschnallten Kinnriemen zu versehen. So kann bei seitlichem Zügelanzug die Trense nicht durch das Maul gezogen werden.

Als Trensengebiß bietet sich am Anfang das doppelt gebrochene Ausbildungsgebiß an. Es ist sehr beweglich und regt das junge Pferd zum Abkauen an. Außerdem entfällt hier die Nußknackerwirkung, die dem Pferd bei einfach gebrochenen Mundstücken am Gaumen Probleme machen kann. Aber auch andere Trensen-Varianten sind brauchbar. Sie sollten allerdings darauf achten, daß die jeweilige Trense der Größe des Pferdemauls angepaßt ist, also nicht zu weit seitlich aus dem Maul ragt oder es einengt, weil es zu schmal ist. Ich ziehe Trensengebisse vor, bei denen sich das Mundstück frei in den Trensenringen auf und ab bewegen läßt. So kann das Pferd besser mit dem Gebiß spielen und es an den Ringen auf und ab schieben. Das macht es maulaktiv. Bei einer Olivenkopftrense sind diese Eigenschaften nicht so vorhanden.

Die Einwirkung mit dem Gertenknauf oder dem Finger bewirkt, daß das Pferd für das Schulterherein am Boden vorbereitet wird.

Ist die Trense ordentlich verschnallt, prüfe ich, ob das Pferd auf Trenseneinwirkung hin nachgibt. Dazu stelle ich mich vor seinen Kopf, hake meine Daumen in die Trensenringe und beginne, ein wenig mit ihnen zu spielen. Auf diese Weise möchte ich das Pferd zum Kauen animieren. Wenn das Maul passiv bleibt, hebe ich die Trense ein wenig gegen die Maulwinkel und veranlasse es so, das Maul zu öffnen. Sobald es das tut, bringe ich die Trense wieder in ihre alte Lage. Das Pferd löst sich im Maul und wird angeregt, das Gebiß mit der Zunge zu nehmen. Solange es kaut, wirke ich nicht weiter ein. Stellt es das Kauen ein, beginne ich von neuem mit der oben beschriebenen Vorgehensweise.

Aus dieser Position heraus kann ich das Pferd durch feine seitliche Einwirkungen leicht biegen oder durch Druckeinwirkung nach unten zum Nach-

Der äußere Zügel führt über den Nacken zur Innenseite, die linke Hand zieht den Nacken etwas nach unten, die rechte den inneren Trensenring etwas nach oben. Der Druck im Maulwinkel veranlaßt das Pferd, das Maul zu öffnen und zu kauen.

geben bewegen. Möchte ich das Pferd stärker im Hals biegen, stelle ich mich neben seinen Hals und hake zwei Finger in den Trensenring. Durch leichten seitlichen Zug versuche ich, das Pferd im Hals zu biegen. Ich baue Druck auf und halte ihn, bis das Pferd nachgibt. Dann gebe ich eine Pause, um anschließend nach mehr Biegung zu fragen.

Diese Übungen können auch über den Zügel erfolgen. Dazu stehe ich etwa auf Gurthöhe neben dem Pferd. Ich fasse die Zügel so, als würde ich auf dem Pferd sitzen. Von hier kann ich jetzt auf sein Maul einwirken und an seiner Nachgiebigkeit arbeiten. Mit dem äußeren Zügel suche ich den Kontakt zum Pferdemaul. Dabei lege ich die entsprechende Zügelfaust an den Widerrist. Meine innere Hand faßt den inneren Zügel zwischen Daumen und Zeigefinger. Durch Öffnen und Schließen der anderen drei Finger versuche ich das Pferd zum Kauen anzuregen. Zeigt es keine Reaktion, schließe ich diese Hand und drehe sie so, daß meine Handfläche nach oben zeigt. Nun hebe ich diese langsam an, wobei ich den Maulwinkel des Pferds ein wenig nach oben ziehe. Spätestens jetzt wird es sich im Maul lösen und bald auch den Kopf fallenlassen. Augenblicklich senke ich meine Hand ab. Durch mehrmaliges Wiederholen festige ich diese Übung.

Egal ob es um die Seitengänge am Boden oder die Arbeit unter dem Sattel geht – die Kommunikation über das Gebiß ist auf jeden Fall wichtig. Gute Vorarbeit ist später von unschätzbarem Vorteil.

Als nächstes soll das Pferd lernen, auf Gerteneinwirkung mit der Hinterhand seitwärts zu weichen. Dazu muß ich es mit der Gerte vertraut machen. Ich stehe neben seinem Kopf, fasse mit zwei oder drei Fingern in den Trensenring oder halte es kurz dahinter am Zügel. In der anderen Hand halte ich die Gerte. Ich beginne, mit der Gerte vom Hals ausgehend das Pferd über Schulter, Rücken und Hinterbeine abzustreichen. So gewöhnt es sich an die Gerte und lernt, dieser zu vertrauen.

Ist die Gertenberührung kein Problem mehr, fordere ich das Pferd durch leichtes Touchieren der Hinterhand in Kniegelenkhöhe auf, seitlich zu weichen. Wenn es nicht darauf reagiert, muß ich den Gertenreiz etwas stärker einsetzen oder weiter unten am Bein anbringen. So kann das Pferd zunächst im Stehen das Weichen durch Gerteneinwirkung lernen. Beherrscht es diese Lektion, sollte es gut vorbereitet sein, um mit den Seitengängen zu beginnen.

Der bedeutendste Seitengang ist wohl das Schulterherein. Guérinière hielt ihn für „die erste und wichtigste Lektion, die man einem Pferd beibringen kann, um es vollkommen geschmeidig zu machen". Und Nuño de Oliveira, der große portugiesische Reitmeister, sagte einmal: „Die Schulterherein-Lektion ist das Aspirin des Reitens, sie heilt alles."

Das Schulterherein kennen wir in zwei Varianten: zum einen als barockes Schulterherein, wie es Guérinière beschrieben und gelehrt hat. Dabei ist das Pferd mit der Schulter in einer 45-Grad-Abstellung in die Mitte der Bahn gestellt. Es bewegt sich parallel zur Bande und ist gegen die Bewegungsrichtung in der gesamten Längsachse gebogen. Vorder- und Hinterbeine kreuzen beim Gehen. Das gymnastiziert sowohl die Schultern als auch die Hüfte. Die Wirbelsäule dreht sich, was die Wirbelkörper untereinander beweglicher macht. In diesem Fall spricht man auch vom Schulterherein auf vier Hufschlägen. Da kein Fuß in die Spur eines anderen tritt, sieht man sehr deutlich vier Hufabdrücke nebeneinander.

Zum anderen gibt es das Schulterherein auf drei Hufschlägen mit 30-Grad-Abstellung. Dabei tritt der innere Hinterfuß in die Spur des äußeren Vorderfußes, es sind also nur drei Hufspuren sichtbar. Diese Art des Schulterherein wird mehr in der Sportreiterei praktiziert. Liegt der Akzent beim barocken Schulterherein auf dem Lösen und Dehnen des Pferds, so hat das Schulterherein auf drei Hufschlägen vor allem eine versammelnde Wirkung. Das innere Hinterbein kreuzt nicht über das äußere, sondern schiebt sich weit unter den Pferdebauch in Richtung äußeres Vorderbein.

Es empfiehlt sich, die Arbeit auf der linken Hand zu beginnen. Damit tun sich Mensch und Pferd meist leichter, weil die linke Seite gewohnheitsbedingt die „Hauptbedienungsseite" ist. Ich stehe an der linken Schulter des Pferds. Meine linke Hand faßt in den Trensenring oder den Zügel kurz dahinter. Die rechte Hand hält den rechten Zügel, der über dem Widerrist liegt, gemeinsam mit der Gerte. Durch die Vorgabe von innerem und äußerem Zügel wird das Pferd in der Vorhand eingerahmt und in Stellung gebracht. Mein linker Arm ist gestreckt, um das Pferd auf Distanz zu halten und eine stabilere Führung zu gewährleisten.

Nun beginne ich mit den seitwärtstreibenden Gertenhilfen. Am Anfang tut sich das Pferd leichter, wenn ich diese Lektion auf einem großen Zirkel übe. Oder ich beginne im Konterschulterherein. Dabei ist das Pferd mit dem Kopf zur Bande gestellt. Diese optische Begrenzung hilft, das Pferd nach vorne besser zu kontrollieren. Zunächst ist es mein Hauptziel, ihm erst einmal die Idee für die Vorwärts-Seitwärts-Bewegung zu vermitteln. Die korrekte Abstellung spielt jetzt noch keine so große Rolle. Bei steifen Pferden, die sich nicht in der Schulter biegen wollen, kann es hilfreich sein, anstatt der seitwärtstreibenden Gertenhilfe an der Hinterhand den Knauf der Gerte punktuell gegen die Schulter oder kurz dahinter (Gurtlage) einzusetzen. Dadurch soll das Pferd lernen, dem Druck zu weichen und in der Schulter nachzugeben, sich also zu biegen. Je mehr das Pferd versteht, was ich von ihm will, desto mehr arbeite ich an den Feineinstellungen.

Das Schulterherein kann ich wie alle anderen Seitengänge auch im Schritt, Trab oder Galopp fordern. Manche Gangpferdeleute reiten es sogar im Tölt. Im Schritt sollten Sie das Schulterherein möglichst langsam fordern, um einen optimalen Dehnungseffekt zu erzielen. Bei fortgeschrittener Ausbildung können Sie in höheren Gangarten arbeiten und auch immer wieder Übergänge in Schulterhereinstellung abfragen. Sehr wirkungsvoll ist es auch, das Schulterherein auf gebogenen Linien in Form der bekannten Hufschlagfiguren zu trainieren. Das Tempo wird durch meine Schrittfrequenz vorgegeben. Wenn das Pferd zu schnell ist, gehe ich ein Stück vor seinem Auge, um es zu bremsen. Ist es dagegen zu langsam, gehe ich hinter seinem Auge, um es vorwärtszutreiben.

Wenn das Pferd die Lektion Schulterherein gut beherrscht, wird als nächstes das Renvers geübt. Der Unterschied zwischen beiden Lektionen liegt darin, daß beim Schulterherein das Pferd gegen die Bewegungsrichtung gebogen ist. Zum besseren Verständnis könnte man hier auch von einer Vollbiegung sprechen. Beim Renvers ist es in Bewegungsrichtung gebogen. Wir können auch übertrieben sagen: Es ist hohlgebogen. Die Bewegungsrichtung bleibt also die gleiche, der Unterschied besteht lediglich in der Art der Biegung.

Das Renvers leite ich folgendermaßen ein: Das Pferd bewegt sich in Schulterhereinstellung auf der linken Hand. Den Zügel halte ich in der beschriebenen Weise, den Kopf fixiere ich am besten durch direktes Einhaken am Trensenring. Ich beginne nun,

Hier wird das Übertreten an der Hand geübt. Das Pferd ist konzentriert und voll bei der Sache.

den Kopf durch sanften Zug am rechten Zügel zunächst gerade und später nach rechts zu stellen. Dabei hilft meine linke Hand, indem sie den Pferdekopf mit ausgestrecktem Arm nach rechts schiebt. Zusätzlich kann mein ausgestreckter linker Zeigefinger durch punktuellen Druck auf die Pferdebacke die Umstellung unterstützen. Auf keinen Fall sollte man aber das Pferd durch zu schnelle Umstellung überfordern. Wenn ich ihm Zeit lasse und nicht versuche, mein Ziel unbedingt mit einer einzigen Übung zu erreichen, wird es mir meine Geduld danken. Es wird sich weit weniger sperren und im Körper verwerfen. Solch eine Umstellung muß immer mit weicher Hand und nie ruppig vorgenommen werden. Für junge und ungeübte Pferde sind diese Lektionen schwierig und körperlich anstrengend, mit Ungeduld kann man hier wenig erreichen.

Beim Travers sind Bewegungsablauf und Stellung genau wie beim Renvers. Der Unterschied liegt allein in der Position des Pferds zur Bande. Während beim Renvers das Hinterteil des Pferds zur Bande und sein Vorderteil zur Mitte der Bahn gerichtet ist, verhält es sich beim Travers umgekehrt. In den Ecken und generell in Biegungen muß das Pferd deshalb beim Renvers mit der Hinterhand, beim Travers dagegen mit der Vorhand einen größeren Bogen beschreiben.

Das Travers entwickle ich genau wie das Renvers, allerdings aus dem Konterschulterherein heraus. Mit der Abstellung verhält es sich hier genauso wie beim Schulterherein. Stelle ich das Pferd wenig ab, kreuzt es weniger die Beine, und die Lektion hat keinen stark lösenden Charakter, sondern fördert mehr die Versammlung; außerdem ist der Raumgewinn größer. Bei der 45-Grad-Abstellung kreuzt das Pferd dagegen stärker die Beine und löst sich besser. Dafür dient die 45-Grad-Abstellung weniger der Versammlung und ist mit weniger Raumgewinn verbunden.

Wenn Travers und Renvers gefestigt sind, entwickle ich daraus die Traversale an der Hand. Dabei ist das Pferd genauso gestellt und gebogen wie im Travers. Der Unterschied besteht in der Bewegungsrichtung. Nehmen wir an, ich würde mein Pferd in Traversstellung durch eine Ecke zur langen Seite der Bahn führen. Wenn ich dabei immer im Travers gehen wollte, würde ich auf dem Hufschlag bleiben. Bei der Traversale verlasse ich den Hufschlag aber. Das Pferd bewegt sich vorwärts-seitwärts parallel der Bande zum gegenüberliegenden Hufschlag. Dabei sollte seine Vorhand leicht vor der Hinterhand führen. Sie können sich das vorstellen wie ein „Durch-die-ganze-Bahn-Wechseln" in Traversstellung. Das Traversieren von einer Seite der Bahn zur anderen nennt man eine ganze Traversale. Bei einer halben Traversale würde das Pferd im Mittelpunkt der Bahn umgestellt und zur nächsten Ecke der langen Seite zurückgeführt. Dazu müßte ich allerdings auf die andere Seite des Pferds wechseln.

Weitere Übungen in Traversstellung sind die Kurzkehrtwendung und die Schrittpirouette. Beide Male handelt es sich um Hinterhandwendungen, also um Wendungen mit der Vorhand um die Hinterhand. Die Vorhand beschreibt einen großen Kreis, die Hinterhand einen kleinen. Diese Kreise

Eine ausdrucksvolle Piaffe, bei der Survivior gut untertritt. Die Vorhand ist erhoben, deutlich federt das diagonale Vorder- und Hinterbein vom Boden ab.

sollen mit der Zeit so weit verkleinert werden, daß die Hinterhand praktisch auf der Stelle tritt und die Vorhand sich in Traversstellung um die Hinterhand herum bewegt. Die Pirouette ist eine 360-Grad-Wendung. Die Kurzkehrtwendung beschreibt 180 Grad, weshalb man sie auch als halbe Pirouette bezeichnen kann. Unterm Sattel können Pirouette und Kurzkehrtwendung auch in der Piaffe oder im Galopp durchgeführt werden. Einige Könner schaffen das sogar vom Boden aus am langen Zügel.

Piaffe

Zu den klassischen Lektionen an der Hand gehören unbedingt Piaffe und Passage. Beide lassen sich sowohl an der Hand als auch unter dem Sattel entwickeln. Die Piaffe kann man auch als Trab auf der Stelle bezeichnen. Dabei soll das Pferd geradegerichtet sein und möglichst viel Last auf die weit untergeschobene Hinterhand aufnehmen. Die Vorhand ist aufgerichtet, das Genick der höchste Punkt. Die Beine sollen sich energisch, federnd und taktrein auf- und abbewegen. Im Idealfall hebt sich der abfedernde Hinterfuß bis in Höhe des Fesselkopfs des Standbeins ab. Pferde mit guter Knieaktion heben das abfedernde Vorderbein im Vorderarm waagrecht an, Pferde mit flacherer Aktion entsprechend weniger.

Am Boden kann man die Piaffe mit Hilfe verschiedener Techniken entwickeln, immer unter der Voraussetzung, daß das Pferd lernt, auf feinste Einwirkung anzutreten. Das muß es sowohl vom Stehen zum Schritt als auch vom Stehen zum Trab können. Genauso wichtig ist das Stoppen, Rückwärtsrichten und Wiederantreten im Schritt oder Trab. Solche Übungen schulen enorm die Dynamik der Hinter-

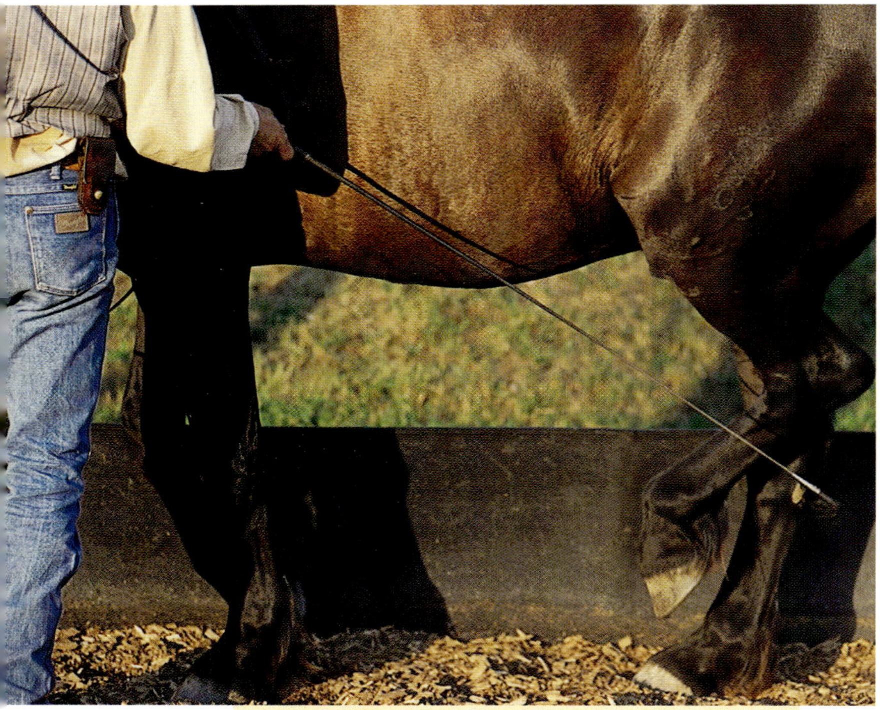

Das Pferd lernt durch einen gezielten Impuls mit der Gerte am Röhrbein, das Bein zu heben.

hand und sorgen dafür, daß das Pferd den Rücken im Bereich der Lendenwirbelsäule aufwölbt.

Wie kaum eine andere Lektion fördert die Piaffe die Tragkraft des Pferds. Wenn ich Seitengänge an der Hand gut erarbeitet habe, ist damit eine gute Basis für die Piaffe geschaffen. Um das Pferd besser einzurahmen und es nicht durch einseitiges Halten am Zügel aus dem Gleichgewicht zu bringen, kann ich es zunächst ausbinden. Dabei darf der Ausbinder aber nicht zu eng geschnallt werden. Die Stirnlinie sollte sich leicht vor der Senkrechten befinden. Denn wenn ich das Pferd zu eng ausbinde, erschwere ich ihm das Untertreten mit der Hinterhand. Am besten führe ich es an einem Kappzaum mit Führzügel. Der Kappzaum soll nicht zu stark gepolstert sein und nicht zu hoch am Kopf sitzen, sonst kommen die Hilfen schwerer durch. Es ist sinnvoll, diese Übungen entlang einer seitlichen Begrenzung durchzuführen. Sie bietet dem Pferd Anlehnung und hilft, es einzurahmen.

Am besten steht der Ausbilder links neben dem Pferd auf Schulterhöhe. Mit der linken Hand hält er den Führzügel, mit der rechten eine lange Dressurgerte. Die Länge dieser Gerte richtet sich nach der Größe des Pferds. Steht das Pferd, ist sowohl die zügelführende als auch die gertenführende Hand gesenkt. Die Gertenspitze berührt den Boden. Zum Antreten hebt der Ausbilder beide Hände. Durch mehr oder weniger intensives Vorwärtsgehen gibt er die gewünschte Gangart vor. Dabei kann er die Gerte oberhalb des Sprunggelenks vorwärtstreibend einsetzen. Das ist bei fleißigen und aufmerksamen Pferden oft nicht nötig. Aber bei faulen Tieren kann schon mal ein stakkatoartiger Gerteneinsatz angebracht sein.

Das Pferd soll lernen, lebhaft und spontan anzutreten und auf den Punkt zu stoppen. Wenn der Ausbilder stehenbleibt, sollte das Pferd das gleiche tun. Dazu senkt der Ausbilder die Gerte und gibt, wenn nötig, leichte Arrêts am Führzügel. Bei einem ungestümen Pferd müssen diese vorübergehend etwas deutlicher ausfallen, damit es hinhört. Aber auch hier ist es unser Ziel, zu immer weniger und feineren Einwirkungen zu kommen.

Zum Rückwärtsrichten bewegt sich der Ausbilder in die entsprechende Richtung. Geht das Pferd nicht mit, kann er durch leichte Impulse am Kappzaum einwirken und es auf diese Weise veranlassen, dem Druck nach hinten zu weichen. So soll das Pferd lernen, allen Vorgaben des Ausbilders weich und vertrauensvoll ohne sichtbare Einwirkungen zu folgen. Wenn es das gelernt hat, hat der Ausbilder nicht nur ein wichtiges Nahziel für das Piaffieren erreicht, sondern auch einen wichtigen Beitrag für den gesamten Prozeß der vertikalen Gymnastizierung geleistet.

Durch ein gezieltes Schaukeltraining wird das Pferd immer wieder aus dem Rückwärts spontan zum Antreten im Schritt und später im Trab veranlaßt. Sobald der Ausbilder den Eindruck hat, daß das Pferd schon beim Rückwärts an den Impuls nach vorne denkt, ist der Zeitpunkt gekommen, es zu den ersten Piaffeansätzen aufzufordern. Dazu entläßt er das Pferd beim Antreten nicht mehr frei nach vorne, sondern schränkt es zusehends in der Vorwärtsbewegung ein. Mit der Zeit soll sich die Bewegung immer mehr auf die Stelle konzentrieren. Wie lange diese Entwicklung dauert, hängt von den Vorgaben des Pferds ab.

Man kann die Piaffe aber auch aus dem Schulterherein im Trab entwickeln. Auch hier muß der Ausbilder das Pferd in einer Art Schaukeltraining auf die Piaffe vorbereiten – diesmal, indem er so lange Schulterhereinübergänge übt, bis das Pferd problemlos aus dem Stehen in den Schulterhereintrab antritt. Nun kann er das Pferd, das dabei im Trab bleibt, langsam in Schulterhereinstellung zum Hufschlag und in die Geradeausstellung zurückführen. Auf diese Weise soll das Pferd für die Piaffe motiviert werden. Denn die Arbeit auf geraden Linien strengt es weniger an als Seitengänge. Wie bei allem ist auch hier wichtig, die geringsten Ansätze einer richtigen Reaktion zu bestätigen, indem man eine Pause macht und das Pferd lobt. Im weiteren Verlauf werden diese Ansätze dann gefördert und weiter ausgebaut.

Eine dritte Möglichkeit: Man entwickelt die Piaffe, indem man das Pferd gezielt an den Hinterbeinen touchiert. So lernt es, die Hinterbeine auf das Signal „Gertenberührung plus Schnalzlaut" hin anzuheben. Je nach seiner Reaktion kann man es an den unterschiedlichen Stellen touchieren. Meist wird sich die Stelle unterhalb des Sprunggelenks befinden. Es gibt aber auch Pferde, die besser auf Touchieren oberhalb des Sprunggelenks, am Schweifansatz oder an der Vorderseite des Röhrbeins reagieren. Der Ausbilder muß die richtige Stelle bei jedem Pferd neu austesten.

Wieder steht er links neben dem Pferd auf Schulterhöhe. Zum Antreten touchiert er die besagte Stelle am Hinterbein und schnalzt gleichzeitig mit der Zunge. Dadurch animiert er das Pferd, das entsprechende Bein über das normale Maß hinaus anzuheben. Wichtig ist, daß er das Signal immer in dem Moment gibt, in dem das Pferd auffußt. So regt er das Pferd an, anschließend ausdrucksvoller abzufußen. Zunächst findet diese Lektion immer in der Vorwärtsbewegung statt. Je besser das Pferd sie beherrscht, desto stärker wird auch hier der Raumgriff reduziert – so lange, bis es schließlich ausdrucksvoll auf der Stelle tritt. Auch sollte sich der Ausbilder bemühen, möglichst bald vom Gerteneinsatz wegzukommen und das Pferd allein über seine Körpersprache in Verbindung mit den Schnalzlauten zu steuern. Wenn die Aktion verflacht, kann es allerdings nötig sein, die Gerte zur Erinnerung zeitweilig wieder einzusetzen. Da die Arbeit an der Piaffe sehr anstrengend für Pferde ist, sollte man sie nur fünf bis zehn Minuten lang üben.

Passage

Wenn das Pferd die Piaffe an der Hand gut gelernt hat, ist es optimal auf die Passage vorbereitet. Die Passage ist ein Trab mit einer Vorwärts-Aufwärts-Bewegung. Besonders die federnde Aufwärtsbewegung in Verbindung mit einer kurzen Schwebephase verleiht diesem Gang ein hohes Maß an Erhabenheit.

In der Passage ist das Pferd weniger versammelt als in der Piaffe. Weil die Tritte verkürzt sind, ist der Raumgewinn wesentlich geringer als im Trab. Als ideal wird eine Vorwärtsbewegung von etwa 30 Zentimetern angesehen. Wurde die Piaffe über das oben erwähnte Schaukeltraining erarbeitet, hat das Pferd bereits eine gute Dynamik der Hinterhand entwickkelt. Es ist auf feinste Hilfengebung eingestellt und reagiert im Normalfall sehr spontan in den Übergängen.

Um die Passage zu erarbeiten, sollten jetzt mehr Übergänge innerhalb des Trabs geübt werden. Dabei werden insbesondere der Schwung und die Geschmeidigkeit des Pferds gefördert. Besonders schwierig, aber sehr effektiv ist das Training von Übergängen Piaffe-starker Trab-Piaffe.

Wenn das Pferd auf diese Weise gut vorbereitet ist, kommt die Zeit, es beim Entlassen aus der Piaffe in den starken Trab zusehends in der Vorwärtsbewegung zu bremsen. Der Ausbilder fängt quasi den Vorwärtsschwung ein und leitet ihn in eine federnde, kadenzierte Vorwärts-Aufwärts-Bewegung um. Zeigt das Pferd ein oder zwei gute Passagetritte, ist es sofort nach vorne zu entlassen. Diese Lektion muß langsam aufgebaut werden, da sie sehr anstrengend für das Pferd ist. Man sollte das Pferd für die kleinsten Ansätze belohnen, um es zu bestätigen und für weitere Erfolge zu motivieren.

Die Position des Ausbilders, die Handhabung und die Ausrüstung sind bei der Arbeit an der Passage gleich wie bei der Piaffe. Faule Pferde sollten durch kurze, heftige Reprisen wach und spontan gemacht werden. Bei sehr temperamentvollen und überreagierenden Pferden ist ein ruhiger Arbeitsstil mit längeren Reprisen angebracht, um sie zu beruhigen. Die Qualität einer Passage ist sehr von der Veranlagung des Pferds abhängig. In den meisten Fällen wird die Passage aber eher vom Sattel als vom Boden aus erarbeitet.

Kreisverkehr – die Longiertechnik

Geordnete Flucht im Kreis

Das Longieren ist eine verbreitete Technik, um Pferde am Boden zu arbeiten. Leider ist es dann oft auch die einzige Art von Bodenarbeit, die betrieben wird. Dabei läßt man das Pferd an einer handelsüblichen Longe, die in der Regel sieben Meter lang ist, im Kreis laufen. Angetrieben wird es mit einer Longierpeitsche – einer überlangen Peitsche, mit der man das Pferd auch auf sieben Meter Entfernung erreichen kann. Die Longe wird nicht selten am Trensenring eingehakt.

Sicher hat das Longieren von Pferden seine Berechtigung. Aber wo es ausschließlich dazu eingesetzt wird, ein Pferd an einer Leine im Kreis herumlaufen zu lassen und zu jagen, verliert es seinen Sinn. Dann kann es bestenfalls dazu dienen, bei einem Pferd den Stallmut ein wenig abzubauen. Beschränkt sich die Bodenarbeit auf diese Art des Longierens, hat sie wenig bis keinen kommunikativen oder gymnastizierenden Charakter. Nicht selten ist das Lernergebnis dann eine geordnete Flucht im Kreis.

Zambo war so ein Kandidat. Longiertwerden bedeutete für ihn, an der Longe zu rennen. Er war weit davon entfernt, auf die Signale des Ausbilders zu hören. Er hatte bei den hinter ihm liegenden Ausbildungsversuchen nur das Weglaufen vor der Longierpeitsche gelernt. Ihm mußte ich erst das Hinhören und das entspannte Vorwärtsgehen beibringen. Ein Pferd, das flüchtet, hat Streß. Und unter Streß kann kein Pferd lernen, sondern ist nur darauf bedacht, möglichst schnell und weit wegzukommen.

So longieren Sie besser

Es gibt zwei Gründe für die Arbeit an der Longe: Sie dient dazu, mit dem Pferd zu kommunizieren und es so abzustimmen, daß es auf feinste Signale des Ausbilders hin bestimmte Aufgaben erfüllt. Und sie hat gymnastizierende Gründe: Longieren macht

Vorbereitet durch die Longierarbeit mit Kappzaum und Bogenpeitsche, geht Survivior nun am Halfter gut gebogen auf der Kreisbahn.

das Pferd, losgelöst vom Reitergewicht, durch Biegen, Dehnen und Versammeln geschmeidig.

Den Aspekt der Kommunikation habe ich bereits im Kapitel „Ein Fundament legt man am Boden" beschrieben. Der Unterschied zwischen der Kommunikation an Knotenhalfter und Seil und derjenigen an der Longe liegt in der Ausrüstung.

Beim Longieren nach klassischem Vorbild benutzen wir einen Kappzaum, eine Longe und eine Longierpeitsche. Es ist falsch, ein Pferd am Trensenring zu longieren. Hier ist es einer ständigen unruhigen Einwirkung im Maul ausgesetzt. Jeden Impuls, der gewollt oder ungewollt über die Longe zum Pferd gelangt, muß es mit dem Maul abfangen. Allein das Eigengewicht der Longe und die sich mitunter aufschaukelnde Longenbewegung tun das ihre. Ein Pferd, das so am Maul geführt wird, wird die Zähne zusammenbeißen und das Maul zupressen, um sich vor den ständigen unangenehmen Einwirkungen zu schützen. Das macht es fest im Maul und stumpft es ab.

Longiere ich mit Kappzaum, kann ich das Pferd direkt an der Nase fassen. Dabei schnalle ich die Longe in den mittleren, also genau auf dem Nasenrücken befindlichen Ring des Zaums. So kann ich dem Pferd eine gute Innenstellung geben, schone das Maul und kann sehr schön Handwechsel durchführen, ohne umschnallen zu müssen. Bei der Wahl des Kappzaums sollte man darauf achten, daß dieser nicht zu stark gepolstert ist. Eine zu starke Polsterung schränkt die Einwirkungsmöglichkeiten ein und läßt Signale nur verschwommen beim Pferd ankommen.

Auch die Lage des Zaums beeinflußt die Stärke der Einwirkung. Bringe ich ihn zu hoch an, ist meine Einwirkung geringer, als wenn ich ihn eher niedrig einstelle. Wenn ich ihn jedoch zu niedrig schnalle, schnüre ich dem Pferd den weichen Teil der Nase ein. Das ist für das Pferd unangenehm. Außerdem hat der Zaum so keine klare Auflage, und möglicherweise wird die Atmung behindert.

Noch lieber benutze ich zum Longieren das Knotenhalfter – mit dem Unterschied, daß die Longe nicht unter dem Kinn am Halfter, sondern am Nasenband befestigt wird. Die seitlich am Halfter befindlichen Knoten halten die Anbindung der Longe in der richtigen Position. Beim Handwechsel gleitet der Haken am Nasenband entlang auf die gegenüberliegende Kopfseite. Hier wird er wieder durch den Knoten gestoppt. Dadurch habe ich eine Einwirkung auf die jeweils äußere Kopfseite des Pferds und erhalte die nötige Kopfstellung. Durch die flexible Verbindung von Longe und Halfter wird das Halfter nicht um den Pferdekopf herum verzogen. Um das Halfter in der richtigen Lage zu sichern, muß ich den Pferdekopf nicht wie beim Kappzaum einschnüren. Und ich kann die Investition für den Kappzaum sparen.

Gerade zum Longieren gibt es im Reitsporthandel die unterschiedlichsten Hilfszügel und Ausbinder. Über den Sinn dieser Hilfsmittel kann man geteilter Meinung sein. Ich tue mich sehr schwer damit, sie zu verwenden – egal in welcher Ausführung. Feste, also starr wirkende Ausbinder engen das Pferd zu stark ein und geben ihm wenig bis gar keinen Bewegungsspielraum. Dadurch besteht die Gefahr, daß es in Genick, Hals und Schulter fest wird. Ein Pferd, das im Vorderhandbereich fest ist, kann im restlichen Körper nicht gelöst sein. Egal welche Art von Hilfszügel man benutzt: Sie schränken immer irgendwo die Bewegung ein. Wenn überhaupt beim Longieren Hilfszügel verwendet werden, dann solche, die es dem Pferd erlauben, sich nach vorne zu strecken. Dazu bieten sich zum Beispiel bestimmte Dreieckskonstruktionen an.

Ich gehe hier nur auf das Longieren ohne Ausbinder ein. Dieses Longieren ist sehr dynamisch, und ich kann das Pferd dabei alle Hufschlagfiguren, Übergänge und Handwechsel am Boden ausführen lassen. Erinnern wir uns an das Kapitel „Klassische Lektionen an der Hand." Genau wie dort gilt auch hier: Wirke ich hinter dem Pferd ein, treibe ich es vorwärts. Ab der Schulter wirke ich nach vorne bremsend, auf Schulter- oder Bauchhöhe seitwärtstreibend. Ich kombiniere dieses Wissen mit meiner Körpersprache, die ich mit der Longierpeitsche und verbalen Kommandos unterstütze. Dabei sollte meine Position keineswegs unverrückbar und statisch im Mittelpunkt des Zirkels sein. Wenn diese Art des Longierens gymnastizierende Erfolge haben soll, darf ich nicht an einer Kreisbahn klebenbleiben.

Ich kann in größeren oder kleineren Zirkeln longieren. Je nach Durchmesser wird das Pferd unterschiedlich gebogen. Dabei achte ich darauf, daß es auch tatsächlich in den Rippen gebogen, die Schulter also nach außen gestellt ist. Sehr steife Pferde, die sich nicht gut biegen können oder wollen, haben hier ihre Probleme. So war es auch bei meinem

Deutliches Kommando zum Antreten: Die rechte Hand treibt mit dem Seil, die linke Hand gibt am Halfter Stellung.

Welsh-Cob Survivior. Er stellte beim Longieren den Kopf nach außen und drückte die Schulter herein. Dabei legte er sich sehr stark auf die Hand. Der Kreisbogen fiel eher eckig aus, weil Survivior versuchte, ihn über die Schulter gehend mit Außenstellung zu laufen.

So kann natürlich keine Gymnastizierung stattfinden. Ich longierte Survivior anfangs auf kleinerem Zirkel. Dabei versuchte ich, seinen Kopf über Longe und Kappzaum stark nach innen zu stellen. Mit einer Bogenpeitsche touchierte ich immer wieder seine Schulter von unten nach oben. Dadurch lernte er, die Schulter nach außen zu nehmen. Mit der Zeit wurde er frei in der Schulter, konnte den Kopf spielend nach innen nehmen und sich in den Rippen biegen. Am Anfang scherte zwar die Hinterhand regelmäßig nach außen aus, weil der Körper nicht flexibel genug war. Aber mit der Zeit lernte er, in der Spur zu gehen. Mit anderen Worten: Die Spur der Hinterhand folgte der Spur der Vorderhand.

Solche Übungen sollte man im Schritt-Tempo beginnen. Da jedes Pferd eine steife und eine weniger steife Seite hat, arbeite ich zunächst die bessere von beiden. Dadurch erleichtere ich dem Pferd den Einstieg in die Lektion. Wichtig ist, daß ich insgesamt mehr auf der steiferen Hand arbeite, denn hier besteht naturgemäß größerer Bedarf. Sobald das Pferd die von mir angestrebte Biegeposition verläßt, muß ich sie durch gezieltes Touchieren wieder fordern. Nur so stellt sich das gewünschte Verhalten dauerhaft und verläßlich ein.

War die Schrittarbeit erfolgreich, kann ich dieselbe Übung auch in höheren Gängen machen. Dabei muß ich besonders auf die Übergänge achten, denn sie fördern in besonderem Maß die Aktivität der Hinterhand. Viele Übergänge sind wichtiger als lang anhaltendes Gehen in einer Gangart. Setzt das Pferd die Hinterhand nicht richtig unter, kann ich das durch kurzes, gezieltes Touchieren der Hinterbeine, am besten zwischen Fessel- und Sprunggelenk, fordern.

Wie gesagt: Ich halte die Arbeit an der Longe nicht für eine Tätigkeit, die immer auf demselben Platz stattzufinden hat. Durch Verkürzen oder Verlängern der Longe kann ich den Durchmesser des Zirkels verändern. Ich kann das Pferd geradeaus gehen lassen, indem ich ein Stück parallel neben ihm gehe und es dann wieder auf eine Kreisbahn schicke. Es kann lernen, durch den Zirkel zu wechseln oder eine Kehrtvolte zu machen. Halbe oder ganze Bahn, ovale Figuren und sogar Schlangenlinien sind möglich. Anhalten und Rückwärtsgehen, aus dem Rückwärtsgehen wieder antreten, im Schritt oder Trab oder sogar im Galopp – die Longe gibt mir vielfältige Möglichkeiten der dynamischen Kommunikation mit meinem Pferd. Reizvoll ist es auch, in diese Arbeit kleine Sprünge einzubauen und am Boden liegende Stangen oder Cavaletis überqueren zu lassen.

Tanz auf dem Tisch

Die Sache mit den Holzpaletten

Holzpaletten sind sehr praktisch. Da ich immer auf der Suche nach alternativen Beschäftigungsmöglichkeiten für meine Pferde bin, versuchte ich, mein Pferd Fritz auf einer dieser Paletten zu parken. No problem – kein Problem für Fritz. Er wollte mehr. Ich legte eine weitere Palette darauf, dann noch eine. Dann begann ich, mit ihm zu turnen. Ich stellte ihn mit den Vorderbeinen darauf und ließ ihn mit den Hinterbeinen um die Paletten treten. Ich versuchte, ihn vollständig darauf zu stellen – es gelang.

Nach einiger Zeit wollte ich wissen, ob mein Pferd sich auf diesem Podest bewegen könne. Und siehe da, nach einiger Übung gelang es, mit Fritz eine komplette Mittelhandwendung auf engstem Raum auszuführen. Diese Sache reizte mich. Ich versuchte mehr. Wie wäre es, wenn ich auf Fritz stehen würde, während er auf den Paletten stand, und dabei noch mit einer Bullenpeitsche knallen könnte? Natürlich hatte ich ihn vorher schon „schußfest" gemacht. Ich probierte es – auch das gelang. Jetzt kam ein Schulterstand und sogar ein Spanischer Tritt auf den Paletten an die Reihe. Es machte riesigen Spaß. Als wir von den Paletten herunterstiegen, merkte ich, daß es irre aussah, wenn ich die Hinterhand von Fritz einfach oben stehenließ. Jetzt war die Hinterhandwendung dran, wobei die Hinterhand des Pferds einen halben Meter höher auf den Paletten stand. Später ließ ich Fritz einfach so stehen und kletterte auf seine Kruppe, stellte mich darauf und schwang die Bullenpeitsche. Eine Show war geboren.

Da die Paletten mit der Zeit zu unhandlich wurden und sich auch ständig gegeneinander verschoben, bauten wir kurz entschlossen einen höhenverstellbaren Metalltisch mit einer massiven Holzplatte. Damit das Gebilde griffiger wurde, befestigten wir darauf eine Kokosveloursmatte. Die Holzplatte mißt 1 auf 1 Meter, die gesamte Konstruktion ist höhen-

Aufstieg mit allen vieren: Die Arbeit am Podest erfordert sehr viel Vertrauen des Pferds gegenüber dem Menschen. Sie hat einen hohen Stellenwert in der Ausbildung.

verstellbar. Dieser Tisch wurde nun mein ständiger Begleiter bei Showvorführungen.

Eine Showidee wird zur Methode

Ich probierte mit anderen Pferden, am Tisch zu arbeiten, setzte diesen auf Kursen ein und merkte bald, daß die Arbeit auf diesem Podest eine Menge positiver Aspekte in sich vereint. Ich kann viele Elemente der Ausbildung in spielerischer Weise behandeln und mein Pferd auf engstem Raum optimal gymnastizieren und dehnen. Es lernt sehr fein, seine Beine zu koordinieren. Ich erreiche ein hohes Maß an Versammlung und Balance und verfeinere meine Hilfengebung. Gleichzeitig sensibilisiere ich mein Pferd, mache es aufmerksam und durchlässig.

Die Basis: Respekt und Vertrauen

Zuerst muß das Pferd aber seinem Menschen gegenüber Respekt und Vertrauen haben. Ohne diese beiden Grundvoraussetzungen ist eine erfolgreiche Arbeit auf dem Podest kaum möglich. Als Fluchttier ist das Pferd ein geborener Feigling und in der Regel mit einer gehörigen Portion Platzangst ausgestattet. Die Arbeit auf dem Podest verlangt also eine Menge Vertrauen von ihm. Ohne Respekt ist Vertrauen aber bekanntlich nicht möglich. Respekt und Vertrauen bedingen sich gegenseitig.

Der Tanz beginnt

Als erste Lektion soll das Pferd lernen, ruhig mit beiden Vorderbeinen auf dem Podest zu stehen. Sobald das gelingt, lasse ich es von Mal zu Mal länger darauf stehen. In der ersten Zeit lasse ich es anschließend stets nach hinten vom Podest absteigen.

Wenn ich hier zu schnell vorgehe und zu früh erwarte, daß das Pferd mit allen vier Beinen auf dem Podest steht, sucht es möglicherweise wegen zu stark gedehnter Rückenmuskeln, aus Platzangst oder aus Angst, die Balance zu verlieren, die Flucht nach vorne. Lernt es, sich auf diese Weise immer wieder der korrekten Arbeit zu entziehen, habe ich ein Problem. Dem kann ich entgegenwirken, indem ich die einzelnen Lernschritte langsam aufbaue und dem Pferd dadurch Zeit gebe, Sicherheit und Vertrauen am Podest zu finden. Durch das zunächst stets rückwärtige Absteigen lenke ich das Fluchtverhalten um. Ich bringe dem Pferd bei, rückwärts zu denken. Dadurch wird es aufmerksam und in hohem Maße kontrollierbar.

Das erste Lernziel ist dann erreicht, wenn das Pferd gelernt hat, in ruhiger und gelassener Manier mit beiden Vorderfüßen auf dem Podest zu stehen. Es steht jetzt auf zwei Ebenen. Veranlasse ich es nun, seinen Kopf vorwärts-abwärts zu strecken, verlängert sich der Dehnweg der Nacken-, Hals- und Rückenmuskulatur. Dadurch kann das Pferd in diesem Bereich noch effektiver gedehnt werden.

Eine andere Lektion ist die seitliche Verschiebung der noch am Boden stehenden Hinterhand. Es handelt sich also um eine Vorderhandwendung, bei der das Pferd mit der Vorderhand etwa 50 Zentimeter höher steht als mit der Hinterhand. Dadurch werden ganz andere Muskelpartien angesprochen, als wenn Vorderhand und Hinterhand auf derselben Ebene stehen würden. Außerdem arbeite ich an der Beweglichkeit des Beckens, und das Pferd ist gezwungen, seine Beine ganz anders zu koordinieren. Selbstverständlich erarbeite ich diese Lektion beidseitig, denn wir wollen ja ein auf beiden Seiten gleich gut gymnastiziertes Pferd.

Aufstieg mit allen vieren

Wenn die Übungen genügend gefestigt sind, ist es Zeit für den nächsten Schritt. Nun veranlasse ich das Pferd, sich mit allen vier Füßen auf das Podest zu stellen. Ich versuche zunächst, das mit beiden Vorderbeinen auf dem Podest stehende Pferd langsam nach vorne zu führen. Manche Pferde ziehen dann spontan die Hinterbeine nach und haben kein Problem damit, sich gleich mit allen vieren aufs Podest zu stellen. Andere tun sich schwerer. Hier kann es hilfreich sein, wenn sie mit einer Gerte etwas an-

Hat das Pferd gelernt, ruhig mit beiden Vorderbeinen auf dem Podest zu stehen, folgt als nächste Lektion die Vorderhandwendung.

touchiert werden oder ihnen ein Helfer per Hand den Weg auf das Podest zeigt. Mit etwas Geduld gelingt das bei den meisten Pferden.

Allerdings gibt es Pferde, die sich mit dem „Aufstieg mit allen vieren“ ganz besonders schwertun. Meist handelt es sich um Pferde mit starken Verspannungen, ausgeprägter Platzangst oder Gleichgewichtsproblemen. Aber gerade für sie ist ein Gymnastizieren am Podest sehr wertvoll. Der Andalusier Novarro war ein solcher Fall. Kein Mittel und

Die Ziege auf dem Berggipfel. Würde das Pferd jetzt den Kopf senken, wäre die Oberlinie optimal gedehnt. Diese Lektion fördert enorm die Balance.

kein Argument konnte ihn dazu bewegen, auf das Podest zu steigen. Also mußte eine Lösung her. Ich fand sie, indem ich unsere Wippe kurzerhand zu einer Rampe umfunktionierte, über die ich Novarro auf das Podest führte. So konnte ich ihm vermitteln, daß es auch für ihn möglich ist, auf dem Tisch zu tanzen. Später baute ich diese Hilfsbrücke stufenweise wieder ab. Es war erstaunlich zu sehen, wie sich der stolze Andalusier zusehends löste und die Arbeit am Podest genoß, nachdem er seine Angst besiegt hatte.

Wie die Ziege auf dem Berggipfel

Wenn das Pferd verstanden hat, was ich von ihm möchte, und mit allen vieren auf dem Podest steht, darf ich es nicht zu lange verweilen lassen. Oben muß es Vorder- und Hinterbeine sehr nahe zusammenstellen. Wir erreichen das, was der Klassiker „die Ziege auf den Berggipfel stellen“ nennt. Das Pferd steht auf einer sehr engen Basis. Dadurch wird die Rücken- und Hinterhandmuskulatur stark gedehnt. Diese Dehnung kann anfangs einen Dehnschmerz verursachen, vor dem das Pferd weglaufen möchte. Erst mit der Zeit darf also die Verweildauer verlängert werden. So lernt das Pferd langsam, die Dehnung auszuhalten. Bald wird es keine Probleme mehr damit haben.

So baue ich einen Spannungsbogen auf

Hat mein Pferd seine Sicherheit auf dem Podest gefunden, baue ich die Lektion weiter aus. Ich fordere es jetzt auf, seinen Kopf vorwärts-abwärts zu strecken. Das läßt sich durch eine Druckpunktanwendung hinter den Ohren erreichen (sollte ich vorher aber schon am Boden geübt haben) oder eventuell durch Locken mit Leckerli. Somit baue ich einen Spannungsbogen über die gesamte Oberlinie des Pferds auf und erreiche auf spielerische Weise einen hohen Grad an Versammlung.

Als nächstes frage ich mein Pferd nach einer Mittelhandwendung auf dem Podest. Hier muß ich mit sehr feinen Hilfen arbeiten, denn mein Pferd ist auf diesem engen Raum leicht aus der Balance zu bringen. Zunächst nehme ich seinen Kopf ein wenig auf die Seite und warte ab. Bald wird das Pferd versuchen, unter seinen Schwerpunkt zu treten. Dazu muß es seine Füße in ganz kleinen Schritten setzen. So bringe ich es nach und nach dazu, sich auf dem Podest stehend um die eigene Achse zu drehen. Natürlich arbeite ich hier auch wieder in beide Richtungen, um einen beidseitigen Trainingseffekt zu bekommen. Bei dieser Übung lernt das Pferd, seinen Körper auf kleinstem Raum auszubalancieren und seine Beine in feinster Weise zu koordinieren.

Diese Übungen kann ich mit Pferden aller Rassen und Größen machen. Die Maße des Podests sollten aber auf die Größe des Pferds abgestimmt sein. Für Pferde mittlerer Größe empfiehlt sich ein Podest von 1 auf 1 Meter.

Mein zehnjähriger Welsh Cob Survivior, mit dem ich auf einem runden Podest von 80 Zentimetern Durchmesser arbeite, kann allerdings noch mehr. Survivior ist ein sehr großrahmiges Pferd mit 155 Zentimeter Stockmaß. Wenn er seine vier Füße „zusammenkräuselt“ und mit fein gesetzten Fußverschiebungen eine 360-Grad-Wendung auf dem Podest ausführt, staune ich immer wieder darüber, welche Geschicklichkeit Pferde entwickeln können.

Ich lasse das Pferd mit den Vorderbeinen vom Podest heruntersteigen und mit den Hinterbeinen oben stehenbleiben. Wenn das Pferd dabei seinen Kopf senkt, wird die Hinterhand- und Oberschenkelmuskulatur verstärkt gedehnt. Oder ich frage es nach einer Hinterhandwendung bei erhöht stehender Kruppe. Ich nehme seinen Kopf wieder etwas zur Seite und warte, bis es unter seinen Schwerpunkt tritt. Dabei werden andere Muskelpartien angesprochen als bei den Übungen zuvor.

Bei diesen Übungen sind der Phantasie des Ausbilders keine Grenzen gesetzt, die Aufgaben mit anderen Zirkuslektionen zu kombinieren. Das wirkt sich nicht nur positiv auf die Ausbildung aus, man kann auch schöne Showeffekte erzielen. Die Arbeit am Podest kann die übrige Ausbildung, die vielfach erwünschte Eigenschaften bei Pferden fördert, sinnvoll ergänzen. Wir erhalten nicht nur gut durchgymnastizierte Pferde, sondern auch solche, die auf feinste Hilfen reagieren, gut durchlässig und mit höchster Aufmerksamkeit bei der Sache sind.

Die Dehnung wird noch wirksamer, wenn das Pferd mit der Vorderhand erhöht steht und den Kopf senkt.

Sollten Sie einmal wenig Zeit haben, widrige Wetterumstände oder frühe Winterabende das Reiten einschränken, können Sie sich mit wenig Zeit und Platzaufwand intensiv und sinnvoll mit Ihrem Pferd beschäftigen. Ein Podest paßt in jede Scheunentenne, in jede breite Stallgasse und in jeden beleuchteten Hinterhof.

Bisweilen benutze ich das Podest auch als Kommandobrücke, von der aus ich meine Pferde alle möglichen Aufgaben erledige lasse. Auch als sanfte Aufsteighilfe beim Anreiten junger Pferde oder für ältere Reiter hat es sich bewährt. In den letzten Jahren habe ich die vielen Möglichkeiten schätzen gelernt. Immer wieder stelle ich erstaunt fest, wie begeistert viele Pferde darauf reagieren.

Verladetraining

Aus der Pflicht wird eine Kür

Kennen Sie das? Sie werden zu einer Reiterrallye eingeladen. Der Veranstaltungsort ist etwa 15 Kilometer entfernt auf einer Ihnen bekannten Anlage, bequem mit dem Hänger zu erreichen. Es ist genügend Zeit, um sich auf die Rallyeaufgaben vorzubereiten. Sie erstellen einen Trainingsplan, bauen einen Trainingsparcours mit Stangen-L, Plastikplane, Wippe, Flattervorhang, einer Wäscheleine, um das Wäscheaufhängen vom Pferd aus zu üben ... systematisch üben Sie, bis alles fast perfekt klappt. Sie fühlen sich optimal vorbereitet, Hänger und Zugmaschine sind organisiert. Ein Freund wird den Transport übernehmen.

Am Tag der Veranstaltung sind Sie zeitig aufgewacht, eigentlich viel zu früh. War es das Kribbeln im Bauch, was Sie so früh geweckt hat, oder war es der Traum, in dem Ihr Pferd mit Ihnen panikartig über den Parcours raste? Das Kribbeln im Bauch nimmt zu.

Um acht Uhr sind Sie im Stall. Wotan frißt gerade. Mist! Sonst füttert der Bauer doch immer schon um sieben Uhr! Gerade heute ... Ihre Nervosität vermischt sich mit Ärger. Schon sichtbar gereizt, ziehen sie Ihrem Pferd das Halfter über die Ohren und versuchen, es am Führseil aus dem Stall zu zerren. Aber Wotan, ohnehin schon irritiert, denkt gar nicht daran, sein Frühstück aufzugeben. Schließlich läßt er sich widerwillig aus der Box ziehen. Wenigstens der Freund ist pünktlich.

Vom Traum zum Alptraum

Sie sind noch einigermaßen in der Zeit. Jetzt schnell Wotan in den Hänger. Aber kaum sieht der den Hänger, bleibt er wie angewurzelt stehen. Seine Augen weiten sich ängstlich, er bläht die Nüstern

So einfach kann Verladen sein. Wenn es mit der richtigen Methode trainiert wird, wird aus einem Alptraum ein Kinderspiel.

Reiz, Reaktion, Timing – die Basis jeder Ausbildung. Sie wird auch beim Verladetraining angewendet. Dazu gehört aber auch die richtige Einrahmung des Pferds.

weit auf und läßt ein kurzes, nervöses Schnauben hören. Mit guten Worten, Streicheleinheiten und einigen Leckerli läßt er sich nach ein paar Minuten darauf ein, sehr zögernd, durch einige Pausen unterbrochen, in Richtung Anhänger zu gehen. Drei Meter von der Klappe entfernt, bleibt er nun endgültig stehen – nichts geht mehr.

Sie flehen, Sie toben, aber nichts zeigt Wirkung. Je mehr Sie am Seil ziehen, desto fester scheint Wotan am Boden zu kleben. Die Zeit läuft. Dann eben mit Gewalt. Sie holen die lange Gerte, alle guten Vorsätze sind vergessen. Wenn das doofe Vieh seinen Futterhafer nicht will, dann gibt es eben „langen Hafer". Sie setzen die Gerte ein, zunächst noch gefühlvoll, dann heftiger, zuletzt dreschen Sie auf Ihr Pferd ein.

Jetzt setzt Wotan sich in Bewegung – aber in die falsche Richtung. Sie werden am Führseil über den Hof gezogen, am Ende bleibt Wotan stehen. Frustriert sinken Sie auf dem Randstein nieder. Wotan steht mit hängendem Kopf und abgeklappten Ohren neben Ihnen. Es ist Viertel vor zehn. Aus dem Traum von der Reiterrallye ist ein Alptraum vom Verladen geworden.

Trainieren Sie das Verladen

So oder ähnlich ist es schon vielen Reitern ergangen. Deshalb sollte man Pferdeverladen genauso trainieren wie Trailaufgaben oder Dressurlektionen. Damit lernt Ihr Pferd nicht nur, überall und jederzeit in den Hänger zu steigen. Sie klären auch viele andere Dinge damit. Und wenn Sie Ihr Pferd mit dem Verladetraining nicht nur auf den Transport von A nach B vorbereiten, sondern auch mit viel Spaß und Kreativität immer neue Spielarten des Ver-

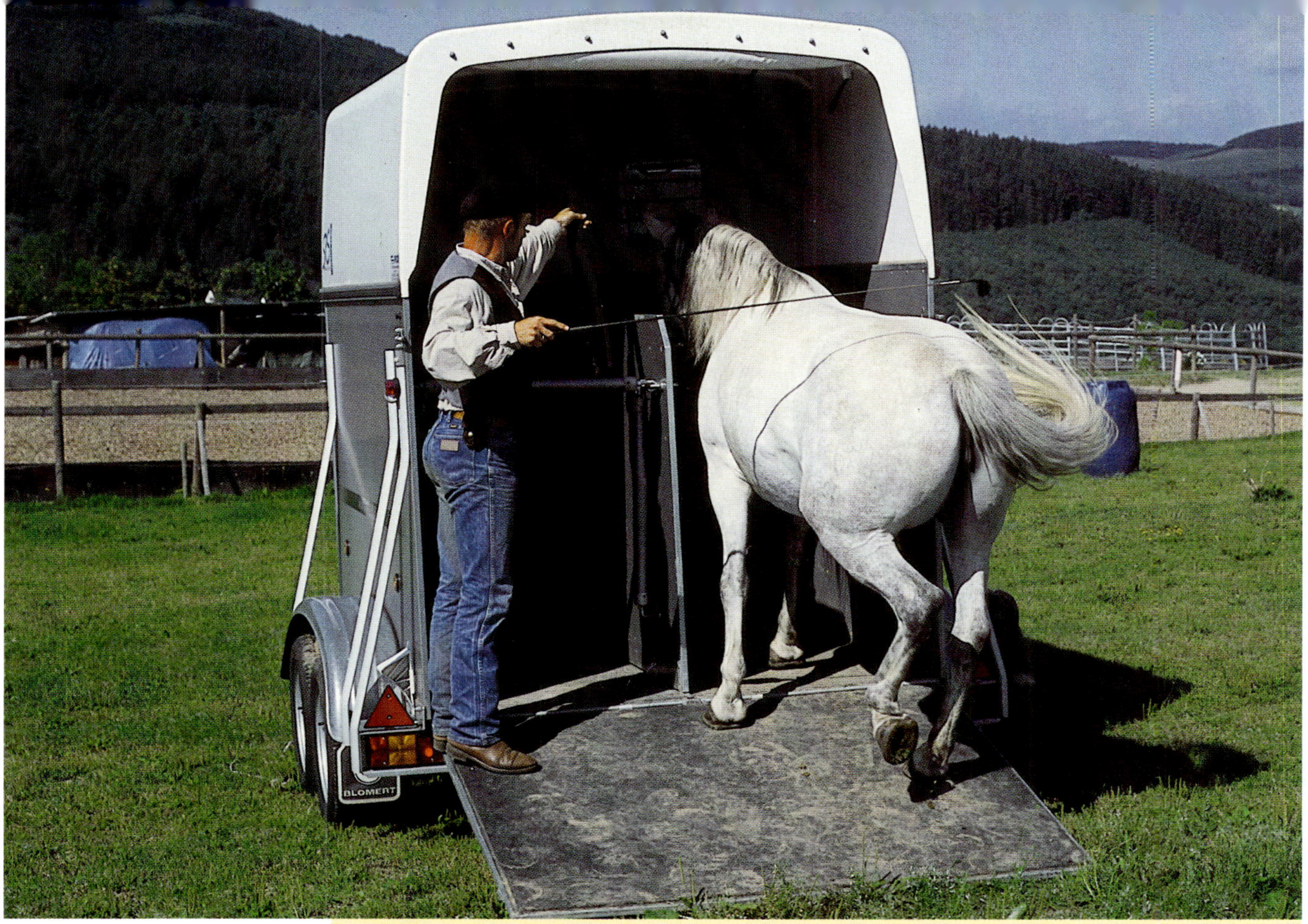

Die Politik der kleinen Schritte zeigt Wirkung. Das Pferd lernt zu lernen. Dazu braucht der Ausbilder Geduld, das Pferd immer wieder Pausen zum richtigen Zeitpunkt.

ladens entwickeln, kann aus dem reinen Selbstzweck sogar eine Kür mit Showeffekt werden.

Zunächst sollten Sie sich darüber Gedanken machen, welches Fernziel das Training haben soll. Nicht immer steht ein Helfer zur Verfügung, der für Sie die hintere Querstange einhängt, nachdem das Pferd in den Anhänger geführt wurde. Es ist also sinnvoll, das Pferd so auszubilden, daß Sie es alleine verladen können, indem Sie es von hinten in den Transporter schicken.

Es kommt immer wieder zu gefährlichen Situationen und schlimmen Verletzungen, wenn Menschen ihre Pferde in den Anhänger führen, vorne anbinden und dann nach hinten gehen, um die hintere Stange einzuhängen. Viele Pferde versuchen, den Hänger möglichst schnell, oft panikartig wieder zu verlassen. Ich brauche nicht auszumalen, was passieren kann und schon häufig passiert ist, wenn man ein Pferd vorne anbindet, ohne daß es von hinten fixiert ist.

Die Höhle namens Anhänger

Sie können das Lernziel mit Hilfe unterschiedlicher Techniken erreichen. Wie Sie sich auf die Lektion vorbereiten, hängt von der gewählten Technik ab. Ich arbeite in der Regel mit einer langen Dressurgerte und einem dicken, etwa vier Meter langen Seil in Verbindung mit einem Knotenhalfter. Mit dieser Kombination behalten Sie auch dann die Kontrolle über Ihr Pferd, wenn es zu Diskussionen kommt.

Der Anhänger muß unbedingt an einem Zugfahrzeug befestigt sein. Ist kein Zugfahrzeug vorhanden, muß der Anhänger hinten abgestützt, die Bremse muß fest angezogen sein. Sonst kann der Anhänger im entscheidenden Moment kippen oder gar wegrollen. Da es für Pferde eine unnatürliche und oft schwierige Angelegenheit ist, in die „Höhle" Anhänger einzusteigen, muß ich ihnen diese Aufgabe nicht noch durch eine unzulängliche Arbeitsvorbereitung erschweren. Wichtig ist auch eine ausreichende Aktionsfläche. Keine gefährlichen Gegenstände oder Gerätschaften dürfen in unmittelbarer Nähe herumliegen. Schließlich muß man überlegen, ob man genügend Zeit hat und auch mental fit genug ist, um an dieser Aufgabe heute zu arbeiten.

Zunächst führe ich das aufgehalfterte Pferd an den Transporter heran und mache es mit ihm bekannt. Ich gebe ihm Zeit, den Transporter ausgiebig zu untersuchen und zu beriechen und Vertrauen zu diesem Ungetüm aufzubauen. Ich führe es zur offenen Verladerampe und lasse ihm auch hier Zeit für die Inspektion.

Wenn der Anhänger von außen wirklich keinen Schrecken mehr für mein Pferd ausübt, mache ich es mit dem Innenleben vertraut. Ich ordne mein Leitseil und richte den Kopf des Pferds in den Anhänger hinein aus. Jetzt beginne ich, mit meiner Gerte die Kruppe des Pferds kurz vor dem Schweifansatz zu touchieren. Sobald es eine Reaktion oder auch nur den Ansatz einer Reaktion nach vorne in Richtung Hänger zeigt, höre ich augenblicklich mit dem Touchieren auf und streichele es mit der Gerte an der zuvor touchierten Stelle.

Sehr wichtig ist hierbei das richtige Timing, nämlich sofort mit dem Gertenreiz aufzuhören, wenn die von mir gewünschte Reaktion erfolgt. Nur dadurch lernt das Pferd, was ich von ihm möchte. Durch das anschließende Streicheln mit der Gerte belohne ich es zusätzlich für die richtige Verhaltensweise. Eine so eingesetzte positive Lernverstärkung fördert den Wunsch des Pferds, etwas lernen oder „richtig tun" zu wollen. Denn das Richtigtun ist mit etwas Angenehmem verbunden.

Faktor Zeit

Ein wichtiger Faktor ist die Zeit. Immer wenn sich das Pferd in die gewünschte Richtung bewegt, gönne ich ihm eine Pause. Die Pause ist eine zusätzliche Lernmotivation, außerdem schafft sie eine ruhige Arbeitsatmosphäre, drittens gibt sie dem Pferd Zeit zum Denken, so daß es das eben Gelernte speichern kann. Wenn ich bei meinen Lektionen immer nach diesem Muster verfahre, lernt mein Pferd gleichsam das Lernen.

Reagiert das Pferd nicht auf leichte Gertenanfrage, muß der Reiz verstärkt werden. Ich gebe ihm aber immer die Chance, auf möglichst wenig Einwirkung zu reagieren. So erziehe ich mir ein sensibles Pferd. Auch hierbei gilt: so wenig wie möglich, aber soviel wie nötig.

Immer einen Rahmen setzen

Bei allem, was ich mit meinem Pferd tue, muß ich ihm einen Rahmen geben. Das gilt beim Verladetraining ganz besonders. Dieser Rahmen hat nach allen Seiten Türen, wie schon im Kapitel „Aufgaben am Boden" beschrieben. Es geht also wieder darum, dem Pferd durch das geschickte Öffnen bestimmter Türen und das Schließen anderer eine Bewegungsrichtung vorzugeben.

In unserem Fall heißt das: Die Vordertür wird geöffnet und führt nach vorne in den Anhänger. Die rechte Seitentür wird durch die Länge meines Seils geschlossen. Es muß so kurz gehalten werden, daß das Pferd nicht rechts am Transporter vorbeilaufen kann. Die linke Seitentür wird durch meinen Körper geschlossen, denn ich stehe bei diesen Übungen links auf der Verladerampe, um mein Pferd in den rechten Hängerteil zu schicken. Durch das Touchieren der Kruppe schließe ich die Hintertür und baue gleichzeitig hinten einen Druck auf, der das Pferd durch die geöffnete Vordertür nach vorne in den Anhänger schicken soll. Damit ich das Pferd nicht im entscheidenden Augenblick verbremse, muß ich ihm in der Vorwärtsbewegung Seil geben. Andernfalls irritiere ich es und stelle meine ganze Arbeit in Frage.

Probleme und Lösungen

● Mein Pferd reagiert nicht auf den Gertenreiz auf der Kruppe.

Ich muß die Touchierfrequenz erhöhen, möglicherweise auch etwas kräftiger touchieren. Vielleicht ist das Pferd aber in Anbetracht des Transporters

Solche Lektionen mit künstlichen Gegenständen sind wertvolle Vorübungen. Dank der Technik des Schickens lernt das Pferd das selbständige Einsteigen in einen Transporter.

mental so blockiert, daß ich mit meiner Lektion nicht durchkomme. Dann muß ich meine Schickübungen zunächst losgelöst vom Transporter an einem anderen Ort machen. Wenn es dann die Logik des Geschicktwerdens verstanden hat, kann ich wieder das Training am Hänger aufnehmen.

- Mein Pferd versucht, sich durch Querstellen

mit der Hinterhand nach rechts oder links der konkreten Anfrage zu entziehen.

Hier muß ich es zunächst durch Touchieren der entsprechenden Flanke immer wieder geraderichten. Wenn ich das ruhig und konsequent tue, wird es sehr bald merken, daß es mit seiner Technik des „Sich-entziehen-Wollens“ keinen Erfolg hat, und sie einstellen. Meistens wollen sich die Pferde nach der rechten Seite entziehen. Das liegt daran, daß ich in der Regel links neben dem Pferd stehe, es also nach dieser Seite allein durch meine Position besser begrenze. Außerdem kann ich die linke Seite besser mit meiner Gerte erreichen und somit besser kontrollieren.

Verschiedene Hilfsmittel helfen, das Pferd während des Trainings nach der rechten Seite hin zu begrenzen. Zum Beispiel kann man eine Longe oder ein langes Seil von der rechten Anhängerseite nach hinten spannen. Am hinteren Ende kann es ein Helfer halten. Wenn das Pferd jetzt trotzdem nach rechts ausweichen will, kann der Helfer durch intensive Schüttelbewegungen des ausgespannten Seils schlangenlinienartige Impulse auf die rechte Körperseite des Pferds geben und es so begrenzen.

Eine andere Möglichkeit ist die Begrenzung durch Zaun-Elemente oder das Parken des Anhängers dicht an einer Hauswand oder an einem Zaun. Mit fortschreitendem Training können Sie diese Hilfsmittel wieder wegzulassen. Denn Ziel ist ja ein Pferd, das sich ohne großen technischen oder personellen Aufwand in jeder Situation und an jedem Platz entspannt verladen läßt.

Vor einiger Zeit bat mich eine Bekannte, beim Verladen ihres Pferds zu helfen. Wir trainierten miteinander. Schon nach einer halben Stunde hatte ihr Pferd verstanden und ließ sich von mir wie auch von seiner Besitzerin problemlos verladen. Dieser Lernerfolg hielt einige Monate an.

Eines Tages fragte sie mich erneut um Rat – sie konnte ihr Pferd nicht mehr verladen. Ich bat sie, mir ihre Vorgehensweise zu zeigen. Dabei stellte ich fest, daß sie ihr Pferd nicht auf der Kruppe, wie sie es gelernt hatte, sondern seitlich an der linken Hinterhand touchierte und deshalb nach rechts wegtrieb. So lernte das Pferd, sich querzustellen und vor dem Verladenwerden zu drücken. Das Problem war schnell gelöst, indem ich ein paar Mal korrigierend eingriff.

Natürlich müssen Sie Ihre eigenen Handlungen kritisch prüfen, wenn es zu Komplikationen kommt. Beobachten Sie sich, versetzen Sie sich in Gedanken in die Situation des Pferds, und überlegen Sie, was gerade wie bei ihm angekommen sein muß. Viele Probleme lösen sich dann von selbst.

● Mein Pferd versucht, mich umzurennen, um sich dem Einsteigen zu entziehen.

Ein richtiges Dominanzproblem. Ein Pferd, das einen Menschen niederrennt, verhält sich außerordentlich respektlos. In der Herde ist das undenkbar, denn kein rangniederes Pferd wird das Leittier anrempeln. Deshalb muß man sich in einem solchen Fall grundsätzliche Gedanken über das Verhältnis zwischen Mensch und Pferd machen.

Manchmal hilft in dieser Situation, die Hand, die das Leitseil führt, auf Augenhöhe des Pferds zu halten. So kann man das Pferd besser begrenzen. In manchen Fällen ist es aber auch nötig, rhythmische Schläge in Richtung Pferdeauge anzudeuten, um das Tier in Schach zu halten. In ganz extremen Fällen ist man genötigt, Hand anzulegen. Denn auf keinen Fall darf der Mensch zulassen, daß ihn sein Pferd „ummäht“. Dabei kommt es darauf an, dem Pferd im richtigen Moment einen kräftigen Schlag auf die Ganasche zu geben. Das ist für das Pferd keineswegs schmerzhaft, aber durch das klatschende und hohl klingende Schlaggeräusch äußerst eindrucksvoll.

● Mein Pferd läßt sich trotz gutem Zureden nicht in den Hänger bewegen.

Pferde sind Fluchttiere und mit einer mehr oder weniger stark ausgeprägten Platzangst belastet. Deshalb ist es für sie ein Problem, sich in Situationen zu begeben, welche sie körperlich oder visuell einengen und an der Flucht vor Gefahren hindern. Ein Hänger kann solch eine Situation sein.

In diesem Fall ist es sinnvoll, das Hängertraining zunächst außerhalb des Hängers durchzuführen. Dazu baue ich Engpässe mit Stangen, eventuell mit Hilfe von Sprungständern. Am Anfang stelle ich sie sehr weit. Nun schicke ich das Pferd durch die Engpässe. Je mehr Vertrauen das Pferd zeigt, desto enger stelle ich die Engpässe. Zusätzlich kann ich Planen über die Stangen hängen. Beim Aufbau eines Engpasses bietet es sich auch an, die Außenseite des Hängers als Begrenzung zu benutzen. So kann ich den Hänger gleich mit einbeziehen. Oder ich baue ein Planendach, unter dem ich mein Pferd hindurchschicke. Vielleicht kann ich das Pferd sogar mit einer Plane eindecken.

Durch solche Übungen lernt das Pferd, mit Situationen umzugehen, in denen es sich eingeengt fühlt, und es wird auf das Verladenwerden vorbereitet. Eine andere Möglichkeit, bei der ich den Hänger miteinbeziehe: Ich stelle die Mittelwand breit oder nehme sie heraus. Hierbei besteht allerdings die Gefahr, daß das Pferd versucht, sich umzudrehen, um den Hänger fluchtartig zu verlassen.

- Mein Pferd versucht sich durch unkontrolliertes Hin- und Herspringen vor dem Einsteigen zu drücken.

Bitten Sie einen Helfer dazu, mit dessen Unterstützung man das Pferd besser kontrollieren und in Position halten kann. Er postiert sich vor der vorderen Begrenzungsstange im Hänger und richtet den Kopf des Pferds mit einem zweiten langen Seil in den Hänger hinein aus. Er ist aber nicht seine Aufgabe, das Pferd vom Rückwärtsziehen abzuhalten, indem er es mit dem Seil festhält. Dazu ist er kräftemäßig gar nicht in der Lage. Auch darf er das Seil auf keinen Fall um die Begrenzungsstange wickeln. Das ist sehr gefährlich und hat schon manchen Finger gekostet.

Die kurzen Regeln

- Ich verlange immer nur einen Schritt von meinem Pferd, lasse ihm Zeit zum Denken und verlange erst nach einer kleinen Pause den nächsten Schritt. Sobald ich das Pferd bedränge, wird es die Lektion nicht verstehen und „zumachen".
- Ich muß mein Fernziel, nämlich das Verladen des Pferds, nicht in einer einzigen Übungseinheit erreichen. Ganz im Gegenteil: Ich kann mir soviel Zeit lassen, wie ich brauche. Jede Übungseinheit muß mit einem positiven Ergebnis abgeschlossen werden. Erreiche ich zum Beispiel, daß das Pferd einen Fuß auf die Verladerampe setzt, kann ich mit diesem Teilerfolg das Training beenden. Morgen setzt es vielleicht den zweiten dazu. Ich darf das Training aber niemals in einer Phase beenden, in der das Pferd Opposition zeigt. Dann lernt es nämlich auch etwas: Es muß nur genug Widerstand leisten, um in Ruhe gelassen zu werden und sich vor dem Verladenwerden zu drücken. Ein Pferd lernt immer, es lernt nie nichts. Es kommt also darauf an, daß es das Richtige und nicht das Falsche lernt.
- Ich muß meine Arbeit immer ruhig, konsequent und bestimmt tun. Hektik Geschrei und Unruhe schaffen eine schlechte Arbeits- und Lernatmosphäre. Außerdem signalisiere ich meinem Pferd damit Schwäche, Angst und Unsicherheit – alles keine vertrauensfördernden Eigenschaften.
- Ich hänge gern ein volles Heunetz vorne in den Transporter. Wenn mein Pferd eingestiegen ist, kann es sich daran bedienen. Das Heunetz ist also eine positive Lernverstärkung. Außerdem wird das Pferd durch das Knabbern am Heu abgelenkt, kauend kann es sich im ganzen Körper lösen.
- Es gibt immer wieder Leute, die versuchen, ihr Pferd mit Futter in den Anhänger zu locken. Dies ist keine korrekte Ausbildung und bietet auch keine verläßlichen Ergebnisse. Gerade in Streßsituationen (und Verladen ist für die meisten Pferde mit Streß verbunden) sind viele Pferde nicht für diese Bestechungsversuche empfänglich.

Wenn Sie Ihr Pferd wie beschrieben ruhig und konsequent trainieren, wird sich der Erfolg sehr bald einstellen. Dann klappt das Verladen automatisch: Sie zeigen Ihrem Pferd mit der Hand, die das Leitseil führt, die Richtung in den Anhänger hinein. Mit der anderen Hand deuten Sie die treibende Hilfe an der Hinterhand an – und Ihr Pferd wird einsteigen.

Wenn Sie möchten, können Sie sich jetzt neben die Verladerampe stellen und Ihr Pferd von dort in den Transporter schicken. Mit der Zeit können Sie die Distanz zwischen sich und dem Pferd zusehends vergrößern. Mit ein wenig Geschick können Sie es sogar an einem langen Seil oder einer Longe in den Hänger longieren. Sobald dies auf der linken Hand klappt, können Sie es auch auf der rechten versuchen. Oder Sie setzen sich auf einen Stuhl neben den Hänger und schicken Ihr Pferd von dort aus hinein.

Die nächste Herausforderung: Wenn das Pferd gelernt hat, auf Seilschlenkern rückwärtszugehen, kann man es rückwärts in den Hänger steigen lassen. Eine meiner Spezialübungen ist es, zwei Pferde gleichzeitig vom Hängerdach aus zu longieren (natürlich muß der Hänger ordentlich aufgebockt und festgestellt sein) und in den Hänger zu schicken. Dann steigen die Pferde auf mein Seilschlenkern hin wieder aus, drehen sich auf ein Zeichen hin um und steigen auf erneutes Seilschlenkern hin rückwärts ein.

Kommunikation unter dem Sattel

Die Sättel der Ranchreiter

Nach der Vorbereitung des Pferds am Boden folgt nun die Kommunikation unter dem Sattel. Gute Bodenarbeit ist immer die Basis für die spätere Verwendung als Reitpferd. Wurde hier gute Vorarbeit geleistet, werden viele Probleme, die in Verbindung mit dem Einreiten vorkommen können, erst gar nicht auftreten.

Bevor man daran denken kann, das Pferd zu satteln, muß man sich Gedanken über den geeigneten Sattel machen. Heute ist eine verwirrende Vielfalt unterschiedlichster Satteltypen auf dem Markt. Auch für diese Entscheidung gilt die Maxime „Von allem das beste" – wobei mit dem besten nicht unbedingt das Teuerste gemeint ist. Die Wahl muß sich erstens nach der richtigen Paßform für das Pferd, zweitens nach der Nutzung und erst drittens nach dem Geschmack des Reiters richten.

Ich besitze viele unterschiedliche Sättel. In meine Ausbildung kommen sehr unterschiedliche Pferde. Der kurze, runde Haflinger braucht einen anderen Sattel als der Riesenwarmblüter mit knochigem, hohem Widerrist, der Traber einen anderen als das Quarterhorse. Außerdem probiere ich gern unterschiedliche Dinge aus, um ihre Vorzüge und Nachteile kennenzulernen. Egal welchen Satteltyp ich wähle: Der Sattel muß eine möglichst große Auflagefläche haben, um den Druck so gut wie möglich auf dem Pferderücken zu verteilen, und er soll dem Reiter einen gewissen Sitzkomfort bieten; der Schwerpunkt muß in der Mitte sein, damit der Reiter gut in die Senkrechte gesetzt wird.

Unter dem Aspekt des vielseitigen Ranchreitens fällt die Wahl des richtigen Sattels mitunter schwer. So bietet der Dressursattel bei gymnastizierenden Übungen Vorteile, aber für längere Geländeritte oder Springübungen ist er nicht unbedingt geeignet. Der breit ausladende Westernsattel mit seiner großen Auflagefläche ist gut für Gelände- und Wanderritte, aber bei Dressurübungen setzt er Grenzen. Der spanische Sattel bietet einen guten Sitzkomfort und viel Sitzsicherheit, aber bei einem etwas sportlicheren Reitstil engt er den Reiter stark ein; Leichttraben ist mit ihm meist nicht möglich. Deshalb muß man manchmal Kompromisse eingehen, um das eine tun zu können und das andere nicht lassen zu müssen. Hier eine Charakteristik der Satteltypen.

Westernsattel

Der Arbeitssattel der amerikanischen Cowboys. Eine große Auflage, hohes Eigengewicht, Horn am Vorderzwiesel. Breite Steigbügelriemen, sogenannte Fender, die sich wie Schalen um das Bein des Reiters winden, viel Leder.

Vorteile: Oft guter Sitzkomfort, gute Gewichtsverteilung auf dem Pferderücken. Am Horn kann man sich festhalten oder etwas daran befestigen.

Nachteile: Sattel ist meist sehr schwer, was das Satteln besonders für Frauen zum Problem machen kann. Weil er sehr ausladend ist, eignet er sich nicht für alle Dressurlektionen. Kann das Pferd beim Biegen und Stellen in der Beweglichkeit einschränken. Behinderung der Reiterhand durch das Horn. Mögliche Einschränkung der Schenkelbeweglichkeit durch breite Fender. Schwerpunkt oft zu weit hinten, verleitet dadurch zum Stuhlsitz.

Dressursattel

Spezialsattel für Dressurreiten. Lange, gerade Sattelblätter, tiefer, gut zentrierter Sitz, Auflage nicht sehr ausgeprägt.

Vorteile: Reiter sitzt gut „im Pferd", Sitzposition optimal, Pferd wird nicht in der Bewegung behindert, Reiter kann frei mit den Händen agieren.

Nachteile: Wegen kleiner Auflagefläche für längere Ritte nicht geeignet. Keine Möglichkeit zur Befestigung von Gepäck. Springübungen nur eingeschränkt möglich.

Vielseitigkeitssattel

Leichter Sattel mit mittellangen, leicht nach vorne gezogenen Sattelblättern. Sitz eher etwas flach. Auflagefläche nicht sehr groß.

Vorteile: Gut geeignet für Springen und Dressur. Viel Bewegungsfreiheit für den Reiter. Engt Pferd nicht in der Bewegung ein. Gut geeignet für sportliches Reiten.

Nachteile: Unsichere Reiter finden wenig Halt. Wegen zu kleiner Auflagefläche nicht für längere Geländeritte geeignet. Keine Möglichkeit, Gepäck zu befestigen.

Spanische und portugiesische Sättel

Klassischer Sattel für iberische Dressur und Stierkampf. Mittelgroßer Sattel mit meist guter Auflage. Haben oft relativ hohen Aufbau. Durch hohe Vorder- und Hintergalerie sitzt der Reiter sehr „gepackt". Meist sind diese Sättel mit einem Schaffell überzogen.

Vorteil: Hoher Sitzkomfort und hohe Sitzsicherheit. Reiter wird meist sehr gut in den Schwerpunkt gesetzt. Bequemer Sattel auch für das Gelände. In der Regel gute Gewichtsverteilung auf dem Pferderücken.

Nachteil: Stark eingeschränkte Bewegungsfreiheit des Reiters im Sattel. Leichttraben und Springen schlecht möglich. Anfällig für Verschmutzung. Reiter sitzt relativ weit über dem Pferd.

Deutscher Militärsattel

Kerniger, sehr robuster Sattel. Gut durchkonstruiert. Große Auflage, gute Paßform, verschiedene Größen. Aufbau relativ hoch, Sitz kaum gepolstert, genügend Bewegungsfreiheit im Sattel.

Vorteile: Gute Gewichtsverteilung auf dem Pferderücken. Sattel ist sehr pflegeleicht. Gut geeignet für längere Geländeritte, gute Gepäckanbringung. Reiter wird gut hingesetzt.

Nachteile: Reiter sitzt relativ weit über dem Pferd. Wenig Sitzkomfort durch sparsame Polsterung. Sattel ist immer seltener erhältlich, die vorhandenen Exemplare sind fast ausschließlich Originale.

Der deutsche Militärsattel war kernig, gut durchkonstruiert, robust und vielseitig. Er wird jedoch immer seltener, es gibt nur noch wenige Originale.

McClellan-Sattel

Amerikanischer Armeesattel. Sehr spartanischer Sattel, der eher einem mit Leder überzogenen Sattelbaum gleichkommt. Offener Sitz, keine Polsterung, keine Sattelblätter. Sehr leichter, eher kleiner Sattel mit meist guter Paßform.

Vorteile: Wegen des geringen Gewichts gut zu handhaben. Reiter sitzt relativ nah am Pferd. Gute Möglichkeit für Gepäckanbringung. Gute Bewegungsfreiheit für das Pferd. Gute Rückenbelüftung durch offenen Sitz, sehr pflegeleicht.

Nachteile: Sehr hart zu sitzen. Auflage auf Pferderücken könnte etwas größer sein.

Stocksattel

Arbeitssattel der australischen Rinderhirten. Gelungene Synthese zwischen englischem und Westernsattel. Komfortabel, gute Sitzposition, lange Sattelblätter. Ohrenförmige Aufsätze links und rechts des Vorderzwiesels geben zusätzlich Halt in Extremsituationen. Auch mit Horn erhältlich. Relativ große Auflage auf dem Pferderücken.

Vorteile: Große Sitzsicherheit und guter Sitzkomfort. Gute Gewichtsverteilung auf dem Pferderücken. Geeignet für Gelände und Bahn. Gute Bewegungsfreiheit für das Pferd. Leichte Sprungübungen möglich.

Nachteile: sind mir keine bekannt.

Der australische Stocksattel hat viele positive Eigenschaften und eignet sich für fast alle Belange der Reiterei.

Dies ist nur eine grobe Beschreibung des Angebots. Scheuen sie sich jedenfalls nicht, unterschiedliche Ausrüstungsgegenstände miteinander zu kombinieren. Warum soll ich nicht an einem Dressursattel einen Camarguesteigbügel anbringen, wenn er mir sicherer erscheint? Oder an den spanischen Sattel einen Dressursteigbügel, weil ich damit besser aufsteigen kann? Warum nicht eine Westernsatteldecke unter den Stocksattel legen, wenn sie für mein Pferd besser ist?

Haben Sie Mut zur Individualität. Wer in Schablonen denkt und handelt, hat am Ende nur einen starren Geist. Lösen Sie sich von dem, was „man“ tut oder nicht tut, oder was „man“ benutzt oder nicht benutzt. Entscheidend ist allein, daß die Ausrüstung dem Pferd nicht schadet und Ihnen paßt. Ranchreiten heißt Freidenken.

Für meine beiden eigenen Pferde habe ich eigens Sättel nach meinen Vorstellungen bauen lassen. Sie passen in kein gängiges Sattelmuster, sind aber sehr vielseitig verwendbar. Dabei habe ich von bekannten Sattelmodellen Anleihen genommen. Ich wollte einen Sattel, der mich gut hinsetzt und eine gute Auflage hat, ohne das Pferd zu stark in der Bewegung einzuschränken, mir genug Bewegungsspielraum für vielfältiges Reiten läßt, bequem ist und als Trickreitersattel benutzt werden kann. Trickreiter sind Leute, die auf galoppierenden Pferden akrobatische Turnübungen vollführen – auch eine meiner Leidenschaften. Dazu muß der Sattel besonders fest sitzen.

So entstand folgender Mix: Sattel 1 hat Trachten aus achtfach verleimter Eiche mit Metallverbindungen in Anlehnung an den Sattelbaum des deutschen Militärsattels. Speziell für die Trickübungen wurde am Vorderzwiesel ein rund 15 Zentimeter langer Metallpin (erinnert ein wenig an das Horn des Westernsattels) und am Hinterzwiesel ein großer Metallring angeschweißt. Der Sitz besteht aus einem großen, weichen, mit Wolle gefüllten Lederkissen. Steigbügel und Riemen stammen vom Vielseitigkeitssattel. Die Sattelblätter haben eine eher eckige Form wie bei manchen spanischen Sätteln. Damit der Sattel sicher auf dem Pferderücken befestigt werden kann, hat er drei Bauchgurte.

Sattel 2 hat einen flexiblen Westernsattelbaum, wobei das Horn abgeschraubt wurde. Statt dessen wurde eine Vorrichtung angebracht, die es ermöglicht, bei Bedarf einen Metallpin für das Trickreiten

Dieser Sattel erinnert an den Schulsattel aus der klassischen Dressur. Zusätzlich hat er Griffe und Ringe zum Trickreiten.

Von allem das beste: ein Westernsattelbaum mit eckigen Sattelblättern, australischen Bügelriemen und portugiesischen Steigbügeln.

einzuschrauben. Bei Dressurlektionen kann dieser Pin mühelos entfernt werden, so daß die Hände eine größere Bewegungsfreiheit haben. Der Aufbau ist mehr spanisch orientiert und weist viel weniger Leder auf als beim Westernsattel. Dadurch ist der Sattel leichter. Die Steigbügelriemen orientieren sich am Stocksattel, die Steigbügel sind portugiesisch. Die Riemen sind nicht so breit wie beim Westernsattel, aber auch nicht so schmal wie beim Vielseitigkeitssattel. Der Bauchgurt ist an einer Dreipunktaufhängung befestigt.

Sinnvolle Zäumungen

Ein Gebißhersteller sagte einmal: „Von zwanzig unterschiedlichen Gebissen, die ich herstelle, sind neunzehn für den Kopf des Reiters und eins für das Pferd.“ Eine interessante Aussage.

Bei den Gebissen und Zäumungen ist das Angebot noch verwirrender als bei Sätteln. Manchmal wird dem unbedarften Käufer vorgegaukelt, daß das Gebiß über gutes oder schlechtes Reiten entscheidet. Doch wer glaubt, sein reiterliches Unvermögen mit dem Kauf eines teuren Gebisses kompensieren zu können, wird bald feststellen, daß die Rechnung nicht aufgeht. Und die muß leider immer das Pferd bezahlen. Oft wird mit immer schärferen Gebissen herumexperimentiert. Das Pferd leidet, der Gebißhersteller freut sich, und der Reiter ist frustriert.

Schlechtes Reiten bleibt schlechtes Reiten – egal mit welchem Gebiß. Statt am Gebiß müssen wir deshalb an der Ausbildung des Reiters ansetzen. Ein bekannter Ausbilder hat einmal scherzhaft gesagt: „Je kleiner der Schrank des Ausbilders, um so größer ist sein Wissen.“ Mit anderen Worten: Wenn Sie sich reiterlich verbessern wollen, sollten Sie nicht in Reitsportartikel, sondern in Ihre Ausbildung investieren. Das heißt nicht, daß zur Korrektur des einen oder anderen Problems nicht ein Wechsel des Gebisses nötig sein kann. Aber erfahrungsgemäß liegen die Gründe woanders.

Auf kaum einem anderen Gebiet der Reiterei gibt es so viele Mißverständnisse und Unsicherheiten. 90 Prozent aller Reiter versuchen, sich allein über das Gebiß mit dem Pferd zu verständigen oder es damit zu beherrschen.

Zum Thema Zäumungen gibt es unterschiedliche Aussagen. Die einen meinen, mit dem richtigen Gebiß könnten sie ihr Pferd zwingen, ihnen zu gehorchen. Für andere ist die Zäumung dagegen ausschließlich Lenkhilfe und Handbremse. Im einen wie im anderen Fall mutiert sie oft zum Marterinstrument für das Pferd.

Richtig verstanden, ist die Zäumung ein feines Kommunikationsmittel zwischen Mensch und Pferd und ein sehr sensibles Medium, um Botschaften zwischen Pferdemaul und Reiterhand zu übermitteln. Die Zäumung ist der Schlüssel zum Pferdemaul und somit zum ganzen Pferd. Nur ein Pferd, das im Maul gelöst und entspannt ist, ist auch im Genick, im Hals, in der Schulter und im ganzen Körper entspannt. Umgekehrt gilt: Ein Pferd, das das Gebiß zwischen die Zähne nimmt und sich darauf festbeißt, um sich vor der schmerzhaften Einwirkung der Reiterhand zu schützen, ist auch im Rest des Körpers verspannt. So kann niemals eine Losgelassenheit entstehen, die Anmut und Leichtigkeit aufkommen läßt.

Ich teile die Zäumungen in drei Gruppen ein: gebißlose Zäumungen, Trensengebisse und Stangengebisse. Gebißlose Zäumungen sind alle, bei denen das Pferd nichts im Maul trägt – angefangen vom einfachen Stallhalfter über Knotenhalfter, Sidepull, Bosal, verschiedene Kappzäume bis zur mechanischen Hackamore. Wobei ich letztere nicht empfehlen kann und eigentlich aus dem Repertoire der gebißlosen Zäumungen herausnehmen möchte. Bei Halfter und Sidepull ist lediglich eine seitliche Biegung möglich, bei Bosal und Kappzaum unter Umständen auch eine Beizäumung. Dies ist jedoch ein sehr langer Weg – und mitunter für das Pferd auch ein sehr harter und oft schmerzhafter, wie die Tradition der iberischen Reitweise mit dem scharf einwirkenden Kappzaum zeigt.

Für die Beizäumung und Flexibilisierung in Maul, Nacken und Hals gebe ich dem Trensengebiß den Vorzug. Mit ihm kann ich differenziert auf die Maulwinkel des Pferds einwirken und es dadurch veranlassen, das Maul zu öffnen und sich zu lösen. Mit dem Trensengebiß kann ich das Pferd gut stellen und zum Fallenlassen des Kopfes animieren.

Die dritte Zäumungsgruppe, die Stangengebisse oder Kandaren, dürfen erst dann eingesetzt werden, wenn das Pferd optimal mit Trensengebiß darauf vorbereitet wurde. Sie kennen gewiß den Spruch „Die Kandare in der Hand des Anfängers ist wie das Rasiermesser in der Hand des Affen." Der Satz bringt die Wirkung der Kandare bei unsachgemäßer Anwendung auf den Punkt.

Mit Kandarenzäumung ist in der klassischen Reiterei immer ein Stangengebiß in Kombination mit einer Unterlegtrense gemeint. Das Pferd trägt also zwei Gebisse im Maul und wird mit Doppelzügel geritten. Andernfalls wird es auf „blanker Kandare" geritten. In anderen Reitweisen, zum Beispiel im Westernreiten oder den iberisch geprägten Reitweisen, gibt es diese Kombination nicht. Hier wird die Kandare immer als blanke Kandare benutzt. Zwar finden wir in bestimmten Phasen der Ausbildung schon mal die Kombination Bosal-Kandare oder Kappzaum-Kandare, aber nur als vorübergehenden Zustand, mit dem Ziel, das Pferd allein auf Kandare umzustellen.

Die Kandare wirkt über einen Hebelmechanismus in Verbindung mit einer Kinnkette oder einem Kinnriemen auf den Unterkieferladen, die Kinngrube und den Nacken des Pferds. Das Mundstück ist meist ungebrochen. Je nachdem, welches Verhältnis zwischen Ober- und Unterbaum besteht, wirkt sie mehr oder weniger scharf. Stangengebisse mit einem gebrochenem Mundstück kann ich nicht empfehlen. Sie wirken nach meiner Meinung zu undifferenziert auf das Pferdemaul ein. Gut vorbereitet und in der Hand des Könners reagieren auf Kandare gezäumte Pferde auf allerfeinste Einwirkung und vermitteln höchsten Reitgenuß. Ein solches Pferd zu reiten, macht süchtig.

Gewöhnung des Jungpferds an den Sattel

Im Kapitel über die Bodenarbeit beschrieb ich ausführlich die Arbeit mit Plastikplanen. Sie soll die Pferde daran gewöhnen, ohne Streß mit diesen „Gefahren" Planen umzugehen, und sie als Nebeneffekt auf den Sattel vorbereiten. Im Kapitel „Kommunikation am Seil" ging es darum, wie man Pferde mit einem um den Brustkorb gelegten Seil auf das Anziehen des Sattelgurts vorbereitet. Alle im Bodenarbeits-Kapitel beschriebenen Anwendungen sind wichtige Vorübungen, um das junge Pferd an den

So wird ein Jungpferd für das Reiten vorbereitet. Alles, was über ihm schwebt, kann Urängste und damit panikartige Verhaltensweisen hervorrufen.

Sattel zu gewöhnen. Habe ich meine Hausaufgaben gemacht, ist schon ein großer Teil der Arbeit erledigt – die Pferde sind mental recht gut auf den Sattel vorbereitet.

Trotzdem ist es immer wieder spannend, wie das Pferd reagiert, wenn es plötzlich einen Sattel auf dem Rücken hat. Das eine Pferd trägt ihn, als hätte es sein ganzes Leben lang nichts anderes getan. Das andere macht ein paar Bocksprünge, und die Sache ist erledigt. Aber es kann auch ganz anders laufen.

Vor einiger Zeit kamen zwei schwarze, vierjährige Trakehnerstuten zum Anreiten zu mir. Diese beiden hatten in ihrem bisherigen Leben nur eins gelernt: den Menschen als Futterspender zu betrachten, den man ansonsten umrennen kann. Die Besitzer hatten offensichtlich in der Erziehung ihrer jungen Pferde viel versäumt. Es kamen gleich mehrere negative Voraussetzungen zusammen, welche die Ausbildung der beiden Trakehnerstuten zu einer echten Herausforderung machten.

Aber obwohl sie eine wesentlich längere Vorbereitungszeit brauchten als üblich, kam auch bei ihnen der Tag, an dem sie zum ersten Mal einen Sattel tragen sollten. Wie bei fast allen vorausgegangenen Übungen machte ich mich auch hier auf heftigsten Widerstand gefaßt. Deshalb fing ich nicht gleich mit dem Sattel, sondern mit einem leichten Longiergurt an. Ansonsten trugen die Pferde, wie immer in dieser Ausbildungsphase, Knotenhalfter und Seil. Auf keinen Fall sollte man das Pferd bei dieser Arbeit anbinden. Das könnte fatale Folgen haben. Am besten eignet sich eine geschlossene Reitbahn, eine Halle oder ein Roundpen. Hier kann sich das Pferd auch mal ausbuckeln, ohne sich selbst zu gefährden oder auszubrechen.

Ich begann also meine Arbeit auf dem Platz, stand auf Schulterhöhe links neben dem Pferd und hielt mit der linken Hand das Seil. Mit der rechten legte ich immer wieder den Gurt über seinen Rücken, berührte es damit auch an anderen Körperstellen und nahm ihn wieder herunter. Als das kein Problem mehr war, begann ich vorsichtig, den Gurt festzuschnallen – immer auf eine Explosion gefaßt. Die kam prompt. Mit heftigsten Buckelsprüngen rannte das Pferd los. Halten konnte ich es nur, weil ich das richtige Handwerkszeug benutzte. Ohne meine Knotenhalfter-Seil-Kombination hätte ich keine Chance gehabt. Mit einem normalen Stallhalfter ist man in solchen Situationen meist verloren. Wenn ein fest eingezäunter Roundpen oder eine geschlossene Halle zur Verfügung steht, bietet es sich an, das Pferd einfach laufen zu lassen. So kann es ungestört seine Erfahrungen machen.

Ich ließ also das Pferd sich ausbuckeln und begann dann meine ganz normalen Bodenarbeitsübungen, die ich vorher schon ohne Sattel geübt hatte. Nach kurzer Zeit war der Longiergurt keine Bedrohung mehr. In den nächsten Tagen legte ich außerdem ein Sattelpad unter und hängte Planenstücke an den Gurt. Bald war es für das Pferd ganz normal, den Gurt zu tragen.

Dann war es Zeit für den Sattel. Wieder buckelte das Pferd wie wild. Das wiederholte sich in den nächsten Tagen noch einige Male. Doch dann hatte sich die Stute an den Sattel gewöhnt. Bei beiden Pferden ging ich in der gleichen Weise vor. Dabei buckelte eins der Pferde eher von mir weg, das andere eher zu mir hin. Die Arbeit mit diesem zweiten Pferd war wesentlich gefährlicher. Ein solch extremes Verhalten gehört eher zu den Ausnahmen. Bei den meisten Pferden verläuft die Gewöhnung an den Sattel wesentlich unproblematischer.

Das erste Aufsteigen

Nach dem ersten Auflegen des Sattels ist es sinnvoll, noch ein paar Tage Bodenarbeit mit dem gesattelten Pferd zu machen. In dieser Phase sind vor allem Biegeübungen, aber auch die Kommunikation am Seil wichtig, bei der das Pferd unterschiedliche Aufgaben erledigen muß. Man kann es Trailhindernisse bewältigen lassen, wobei man zusätzlich Planenfetzen oder andere Gegenstände am Sattel befestigen kann. Eine gute Vorübung ist es auch, eine Plane, einen Plastiksack oder ein Regencape auf einen Stock zu stecken. Damit geht man neben dem Pferd her und hält es über seinen Sattel. Auf diese Weise bereitet man es optisch darauf vor, daß ein Mensch auf ihm sitzen wird. Man imitiert also den Reiter. Ich streiche das Pferd mit dem Ding ab und schwenke es über seinem Rücken hin und her. So wird das Pferd später leichter den Reiter akzeptieren.

Ich gehe immer wieder um das Pferd herum und mache mich am Sattel zu schaffen. Ich klopfe darauf oder lasse die Steigbügel vorsichtig gegen seine Seite

Erste Lastaufnahme: Vorsichtig wird das Pferd an die Aufnahme des Reitergewichts gewöhnt. Behutsamkeit und Einfühlungsvermögen des Reiters spielen dabei eine große Rolle.

Alles Gute kommt von oben: Sitzt man zum ersten Mal auf dem Pferd, kann eine Leckerei, vom Sattel aus gegeben, das Vertrauen sehr fördern.

fallen. Dabei halte ich stets mein Leitseil in der Hand, um das Pferd kontrollieren zu können, falls es erschrickt. Ich stehe an der linken Mittelhand in Blickrichtung zum Pferd und setze meinen Fuß in den Steigbügel. Ich nehme ihn wieder heraus, gehe um das Pferd herum und tue das gleiche von rechts. Diesen Vorgang wiederhole ich einige Male.

In der traditionellen Reiterei wird gelehrt, beim Aufsitzen auf Schulterhöhe und mit Blickrichtung zur Kruppe neben dem Pferd zu stehen, dann den Steigbügel aufzunehmen und sich mit einer 180-Grad-Körperdrehung in den Sattel zu schwingen. Der Sinn dieser Aufsitzregel ist mir bis heute verborgen geblieben. Ich bin der Meinung, daß der Reiter bei dieser Art des Aufsitzens dazu neigt, dem Pferd seine Fußspitzen in die Seite zu bohren. Das trägt nicht gerade dazu bei, dem Pferd beizubringen, daß es diszipliniert stehenbleiben soll. Außerdem kann der Reiter beim Aufsitzen nicht den Pferdekopf beobachten. So bekommt er nicht mit, welche Signale das Pferd gerade sendet. Und besonders unerzogene Pferde können den Reiter mal eben in den Allerwertesten beißen.

Wenn das Pferd den Fuß im Steigbügel akzeptiert, folgt der nächste Schritt. Ich gebe Gewicht in den Steigbügel und stemme mich langsam nach oben. Dabei stehe ich sehr dicht am Pferd, um es nicht aus dem Gleichgewicht zu bringen. Meine linke Hand hält das Führseil und faßt gleichzeitig in die Mähne oder den Vorderzwiesel des Sattels. Die rechte faßt weiter hinten in den Sattel. Nun stehe ich im linken Steigbügel, mein Oberkörper befindet sich schon über dem Sattel, ich sitze aber noch nicht auf. In dieser Position verharre ich einen Augenblick, lobe mein Pferd mit ruhiger Stimme und lasse mich wieder hinuntergleiten. Ich gehe zur rechten Seite und tue das gleiche. Ich wiederhole die Übung so lange, bis das Pferd sie absolut ruhig akzeptiert.

Als nächstes lege ich mich bäuchlings über den Sattel. Meine linke Hand bleibt an Sattel oder Mähne liegen. Mit der rechten streichele ich das Pferd auf der rechten Seite überall, wo ich hinkomme, und klopfe es leicht ab. Auch jetzt steige ich noch nicht gleich auf, sondern wiederhole die Lektion mehrere Male von beiden Seiten.

Wichtig ist, daß mein Pferd bei all diesen Übungen diszipliniert stehenbleibt. Sobald es wegzurennen beginnt, lasse ich mich hinuntergleiten und rucke leicht – wenn nötig, auch etwas stärker – am Leitseil. Wenn es daraufhin stehenbleibt, gönne ich ihm eine kleine Pause und beginne wieder mit meinen Aufsteigübungen. Bei sehr großen oder stark überreagierenden Pferden nehme ich, wie in Kapitel „Bodenarbeit" beschrieben, das Podest zur Hilfe.

Der nächste Schritt bei der Aufsitzübung: Ich strecke von links mein rechtes Bein in Richtung Kruppe und deute damit an, daß ich vollständig aufsteigen will. Manche Pferde geraten in Panik, wenn sie von dem sich über die Kruppe schwingenden Reiterbein berührt werden. Um solchen Problemen vorzubeugen, schwinge ich das Bein einige Male nach seitwärts oben zur Kruppe hin. Dann lege ich meinen Schenkel an oder auf die Kruppe und steige wieder ab.

Wenn das Pferd das alles toleriert, ist die Zeit für das vollständige Aufsitzen gekommen. Ich schwinge mein rechtes Bein über den Pferderücken, richte mich aber nicht sofort auf. Mein Oberkörper bleibt nach vorne gebeugt, bis ich den Fuß im rechten Steigbügel habe. Denn ich muß immer damit rechnen, daß das Pferd erschrickt, wenn ich mich im Sattel aufrichte, daß es losrennt und buckelt. Um einen möglichst sicheren Halt zu haben, müssen dann beide Füße in den Steigbügeln stecken.

Jetzt richte ich mich langsam auf und setze mich bequem hin. Ich streichele das Pferd am Hals, lobe es auch mit der Stimme und steige wieder ab. Das gleiche mache ich von rechts. Oder ich steige von einer Seite auf und an der anderen wieder ab. Ich bleibe eine Weile auf dem Pferd sitzen, biete ihm vom Sattel aus vielleicht einen Apfel an. In dieser Phase will ich noch nicht losreiten, sondern erst einmal Vertrauen schaffen. Wenn es so vorbereitet wird, verliert das Pferd die Angst vor dem Menschen auf seinem Rücken. Es lernt, ruhig zu stehen und abzuwarten. Oberstes Gebot bei der Arbeit: Ruhe bewahren, keine hektischen Bewegungen machen und dem Pferd die Zeit geben, die es braucht.

Bei den meisten Pferden ist die Phase des ersten Aufsteigens nach ein oder zwei Tagen erledigt. Es gibt aber auch welche, wie zum Beispiel unsere beiden Trakehnerstuten, die eine Woche brauchen. Auch danach hatte man manchmal noch das Gefühl, auf einem Pulverfaß zu sitzen.

Es ist wichtig, bei solchen Arbeiten stets einen Reithelm zu tragen.

Die Hierarchie der Zäumungen

In der Phase des Anreitens tausche ich Knotenhalfter und Seil gegen das Sidepull aus. Damit habe ich eine bessere seitliche Einwirkung als mit dem Knotenhalfter. Das Sidepull hat ein Nasenteil und einen ledernen Kinnriemen. Das Nasenteil besteht aus steifem Strick und ist etwa so dick wie ein kleiner Finger. Nasenteil und Kinnriemen sind über links und rechts am Pferdekopf sitzende Ringe miteinander verbunden, die etwa zwei bis drei Fingerbreit über dem Maulwinkel sitzen sollten und in die Zügel eingeschnallt werden. Meist wird das Sidepull mit einem einfachen Lederriemen am Kopf fixiert.

Mit dem Sidepull können Sie das Pferd zu nichts zwingen. Das ist aber auch nicht der Zweck. Es ist vielmehr dazu bestimmt, feine Signale zu vermitteln. Durch leichtes Zupfen am inneren Zügel erhält das Pferd Impulse auf die äußere Kopfseite, denen es nach innen weichen soll. Dadurch stellt es seinen Kopf in die gewünschte Richtung. Bei meinen Bodenarbeitslektionen, mit denen ich grundsätzlich meine Trainingseinheiten beginne, hänge ich außerdem das Leitseil in den Kinnriemen des Sidepulls ein. Zuallererst soll das junge Pferd lernen, sein Gleichgewicht ungestört von der Handeinwirkung des Reiters zu finden und sich auszubalancieren. Das übe ich sowohl auf geraden wie auch auf gebogenen Linien mit ihm. Durch feine Zupfimpulse gebe ich die Richtung vor, lasse das Pferd aber ansonsten seine Arbeit selbständig tun. Mit dem Sidepull arbeite ich das Pferd etwa ein bis zwei Wochen – so lange, bis es einen gleichmäßigen Rhythmus gefunden hat. Es sollte nun im Schritt und Trab ruhig die verschiedenen Hufschlagfiguren gehen, sich durchparieren lassen und ein paar Schritte rückwärtsgehen.

Dann kommt der Tag, an dem ich ihm die Trense einlege. Wie das funktioniert und wie das Pferd vom Boden aus zum Annehmen der Trense animiert wird, stand im Kapitel „Klassische Lektionen an der Hand." In den ersten Tagen fasse ich die Trense nicht an. Das Pferd trägt sie lediglich als zusätzliche Zäumung im Maul. Ich reite weiterhin mit dem Sidepull. Danach schnalle ich ein zweites Paar Zügel in die Trense ein. Für eine bestimmte Übergangszeit reite ich nun mit Doppelzügel in einer Trensen-Sidepull-Kombination. Dann stelle ich das Pferd langsam von Sidepull auf Trense um. Der Vorteil: Während ich das Pferd mit dem Sidepull nur seitwärts stellen konnte, kann ich es mit der Trense im Maul lösen und zum Nachgeben im Genick animieren.

In den ersten Ausbildungsjahren braucht man gar nicht daran zu denken, das Pferd von Trense auf Kandare umzustellen. Die meisten Pferde gehen allerdings zeitlebens auf Trense und sind damit gut bedient.

Verschiedene Zügelführungen

Mit kaum einem anderen Hilfsmittel wird soviel Unfug getrieben wie mit dem Zügel und dem Gebiß, in das er eingeschnallt ist. Nicht wenige Reiter sind unfähig zu reiten, ohne sich am Zügel festzuhalten. Er ist für sie Haltegriff, Balancierhilfe und lebensnotwendiger Sicherheitsgarant in einem. Dabei machen sie sich keine Gedanken darüber, daß er vorne am Pferdemaul angebracht ist und daß das Pferd genauso Schmerzen empfindet wie wir. Wer so reitet, reitet nach der Devise: Das Pferd muß täglich neu bezwungen werden, und der Zügel ist das Mittel dazu.

Es gibt unterschiedliche Auffassungen darüber, wie man den Zügel richtig führt. Der eine hält ihn statisch, das heißt starr mit tiefer Zügelhand und viel Kraftaufwand, und produziert ein Betonpferd. Der andere läßt sein Pferd permanent mit langem, durchhängendem Zügel dahinlatschen und hat ein „auseinandergefallenes“, auf der Vorderhand gehendes Trampeltier. Beides sieht man oft genug.

Der durchhängende oder hingegebene Zügel liegt einfach auf dem Pferdehals oder wird leger am hinteren Ende angefaßt. Mit ihm kann ich dem Pferd nur grob mit weit ausgestellter innerer Hand mitteilen, in welche Richtung es gehen soll. Weil der Weg zum Pferdemaul relativ lang ist, eignet sich diese Zügelführung nicht zum Durchparieren. Statt dessen benutze ich sie zum Entspannen und zum gemütlichen Spazierenreiten.

Der kontrollierende Zügel sucht den Kontakt zum Pferdemaul – aber ohne in irgendeiner Weise darauf einzuwirken. Ich nehme den Zügel so weit auf, daß er nicht durchhängt. Meine Hände passen sich dem Rhythmus des Pferdekopfs an. Sie „atmen“ mit dem Pferd. Der Weg zum Pferdemaul ist kurz. So kann ich es kontrollieren, ohne ständig aktiv einzuwirken. Diese Zügelführung benutze ich vor allem beim Anreiten junger Pferde, damit sie ungestört ihr Gleichgewicht unter dem Reiter oder in der Vorwärtsbewegung finden können. Aber auch zu Ausritten ins Gelände ist sie gut geeignet.

Richtungsänderungen kann ich dem Pferd durch feine seitliche Zügelimpulse mitteilen. Zum Durchparieren wirke ich auch einseitig mit dem Zügel ein, aber mehr nach hinten. Dazu ist es anfangs sinnvoll, beide Zügel in eine Hand zu nehmen. Die andere fährt nun am inneren Zügel entlang in Richtung Pferdemaul, um auf kurzem Weg das Durchparieren einzuleiten. Wenn das Pferd darauf nicht ausreichend reagiert, biege ich es zusehends stärker im Hals – falls nötig, bis sein Kopf an meinem Bein liegt. Spätestens dann kann es sich nur noch auf ganz kleinem Kreis bewegen und wird stehenbleiben. Ich halte es noch einen Augenblick in dieser Position und warte, bis es sich entspannt. Dann lasse ich langsam seinen Kopf wieder nach vorne. Wenn es jetzt erneut unaufgefordert losgehen will, wiederhole ich die Prozedur. So mache ich dem Pferd das Stehenbleiben bequem und das Weglaufen unbequem und lasse es zwischen beidem wählen. Meist entscheidet es sich nach kurzer Zeit für das Angenehme. Wenn ich konsequent vorgehe, wird das Pferd bald schon anhalten oder verlangsamen, wenn meine Hand am Zügel entlang nach vorne gleitet.

Das Im-Hals-Biegen wurde bereits am Boden vorbereitet. Bevor es vom Sattel aus beim sich bewegenden Pferd eingesetzt werden kann, muß es noch im Stehen geübt werden. Diese Technik kann mir beim Durchgehen oder bei starken Widersetzlichkeiten im Extremfall auch als Notbremse dienen. Wenn ich in diesem Fall an beiden Zügeln ziehen, reagiert das Pferd vermutlich folgendermaßen: Es streckt den Kopf nach vorne und oben, versteift sich in der Hals- und Nackenmuskulatur, nimmt das Gebiß zwischen die Zähne oder reißt das Maul weit auf und läuft weiter. So kann ich aber kein durchgehendes Pferd unter Kontrolle bekommen.

Direkte Zügelführung bedeutet, mit seitlich ausgestellter innerer Hand das Pferd direkt in eine Bie-

Deutliche Hilfen am Anfang: Der direkte Zügel zeigt dem Pferd den Weg in die gewünschte Richtung.

Mit durchhängenden Zügeln kann man das Pferd entspannen lassen oder spazierenreiten. Präzise Richtungsangaben sind jedoch schlecht möglich.

gung zu führen. Dabei sollte der äußere Zügel aber nicht unkontrolliert durchhängen, sondern nur so weit nachgeben, wie das Pferd nach innen gestellt ist. Sonst besteht die Gefahr, daß es über die äußere Schulter nach außen läuft. Der innere Zügel biegt also den Kopf in die gewünschte Bewegungsrichtung, aber das Pferd geht trotzdem geradeaus weiter oder in einem viel größeren Bogen, als ich ihn vorgegeben habe. Wenn ich es richtig mache, unterstützt der äußere Zügel dagegen den inneren und verhindert auf diese Weise, daß das Pferd von der Kreisbahn abdriftet.

Bisher haben wir ausschließlich über sogenannte laterale Zügelführungen gesprochen. Sie dienen nicht der Versammlung, sondern dem seitlichen Biegen und Durchparieren. Laterale Zügelführungen werden in der Ausbildung von Jungpferden sowie in Reitweisen angewendet, die keinen Wert auf Versammlung legen. Man kann sowohl das Sidepull als auch die Trense dazu benutzen.

Die versammelnde Zügelführung soll das Pferd vertikal, das heißt in seiner Oberlinie, biegen und gymnastizieren. Das ist auf zwei Arten möglich. Die erste wäre, das Pferd von hinten nach vorne gegen eine tiefe, anstehende Zügelhand zu reiten und gleichzeitig mit dem Schenkel seine Hinterhand aktiv zum Untertreten anzuregen und auf die Reiterhand zu treiben. So lernt das Pferd, im Genick nachzugeben und sich zu beugen. Es wird ein Spannungsbogen über der gesamten Oberlinie aufgebaut. Vorder- und Hinterbeine des Pferds nähern sich an, es wölbt sich im Rücken und erhält dadurch eine bessere Statik. Es wird dynamischer und erhabener in den Bewegungen, kann aber auch leichter aus dem Gleichgewicht gebracht werden.

Sportpferde werden oft auf diese Art versammelt. Sie läßt die Pferde stärker „unter Spannung stehen“. Beim Gegenhalten mit der Hand muß der Reiter oft viel Kraft aufwenden. Leider erzeugt sie oft

Das Pferd ist im Schritt-Tempo versammelt, die nach hinten gestellten Ohren verraten hohe Aufmerksamkeit.

auch hartmäulige Pferde. Und immer wieder löst sie bei Reitern Wirbelsäulenschäden aus. Durch das starke und tiefe Gegenhalten wirken Scherkräfte auf die Wirbelsäule ein, welche die Gesundheit gefährden und schwere Bandscheibenschäden hervorrufen können – für mich Grund genug, mich für die andere Art der versammelnden Zügelführung zu entscheiden.

Bei ihr soll das Pferd durch eine aktive Kommunikation zwischen Reiterhand und Pferdemaul dazu animiert werden, „den Kopf fallen zu lassen". Die Vorarbeiten am Boden haben bereits stattgefunden. Diese Methode, die Pferde im Genick durchzustellen, finden wir in einigen Bereichen der klassischen Dressur, aber auch des Westernreitens. Das Pferd soll lernen, sich im Maul zu lösen. Die Dehnung der Halsmuskulatur macht es in Hals und Genick durchlässig und flexibel. Ist es auf diese Weise in Maul, Hals und Nacken gelöst, ist es das in der Regel auch im Rest des Körpers. Hatten Sie schon mal ein steifes Genick? Wenn ja, wissen Sie, daß dann der gesamte Körper erheblich in seiner Beweglichkeit eingeschränkt ist. Wenn Sie aber frei und beweglich im Genick sind, sind Sie es im restlichen Körper normalerweise auch.

Das kann ich auch beim Pferd erreichen. Am Anfang sitze ich auf dem stehenden Pferd. Mit hohen Händen baue ich über Zügel und Trense einen Druck auf seine Maulwinkel auf. Sobald es das Maul öffnet, nehme ich den Druck sofort weg und senke meine Hände. Jetzt hat es sich im Maul gelöst und wird vielleicht ein- oder zweimal abkauen. Sobald es damit aufhört, fange ich wieder von vorne an. Mit der Zeit werden die Phasen des Abkauens länger, und das Pferd versteht, was es soll. Es entwickelt einen Automatismus.

Als nächstes soll das Pferd lernen, sich in der Nackenmuskulatur zu lösen. Dazu senke ich eine Zügelhand, wobei der Zügelkontakt zum Pferdemaul bestehenbleibt. Die andere Hand hebe ich an und baue mit ihr langsam einen Druck im Maulwinkel auf (siehe auch Seitengänge). Den steigere ich so lange, bis das Pferd den Hals biegt und den Kopf fallen läßt. So dehnt das Pferd seinen äußeren Nackenmuskel und wird veranlaßt, Entspannung nach unten zu suchen, indem es im Nacken nachgibt. Augenblicklich muß sich meine Hand senken und nachgeben. Sobald das Pferd diese Position verläßt, fange ich wieder von vorne an. Wenn eine Seite gelöst ist, wechsele ich zur anderen.

Wenn das Pferd diese Lektion im Stehen begriffen hat, gehe ich auf den Zirkel und übe sie im Schritt. Bin ich mit den Ergebnissen zufrieden, mache ich im Trab und später auch im Galopp weiter, baue Handwechsel und Übergänge ein. Dabei achte ich immer darauf, daß das Pferd im Maul gelöst und im Nacken flexibel ist. Im Lauf der Zeit stellt sich auch hier ein Automatismus ein. Ich kann die Zügelhände immer tiefer tragen und muß immer seltener einwirken, zuletzt genügt das Zudrücken des kleinen Fingers. Das Pferd lernt, sich in lockerer Eleganz selbst zu tragen und seine Lektionen spielerisch zu bewältigen.

Reiten ist ein Zusammenspiel verschiedener Einwirkungen oder Hilfen. Um sie besser verstehen zu können, betrachten wir sie zunächst losgelöst voneinander. Später kombinieren wir sie miteinander.

So sitzen Sie richtig

Reiten beginnt im Kopf, nicht im Hinterteil – aber trotzdem hat Reiten viel mit Sitzen zu tun. Unser Sitz verbindet uns direkt mit dem Pferd und entscheidet wesentlich darüber, ob Mensch und Pferd zu einer harmonischen Einheit werden.

Auch beim Sitz gibt es sehr unterschiedliche Varianten. Die einen drohen mit angezogenen, nach hinten gelegten Beinen permanent nach vorn zu kippen. Ihr Rücken ist gewölbt, die Schultern sind nach vorne gezogen, ihr Hinterteil klatscht dem Pferd bei jedem Schritt in den Rücken. Alles in allem erinnern solche Reiter leicht an einen Klammeraffen.

Dann gibt es die sogenannten Harley-Reiter, das sind die ganz Coolen. Sie heißen so, weil sie auf ihrem Pferd sitzen wie andere auf ihrem Motorrad. Die Beine sind weit vorgestreckt, die Fußspitzen nach außen abgespreizt. Der Hintern sitzt tief im Sattel. Damit der Reiter nicht nach hinten überkippt, muß er den Oberkörper ein wenig nach vorne nehmen. So ist ihr Körper C-förmig gebogen. Dieser Sitz eignet sich allenfalls dazu, beim Reiten Kellerfenster einzutreten. Für korrekte Schenkelhilfen ist er unbrauchbar.

Wieder andere sitzen im Sattel wie auf einem Stuhl. Der Hintern ist ziemlich weit hinten plaziert, die Steigbügelriemen sind kurz und recht weit vorne. So sitzt der Reiter mit hochgezogenen, fast waagrechten Oberschenkeln und senkrecht nach unten gestreckten Unterschenkeln auf seinem Pferd. Leichttraben ist kaum möglich. Und besonders in schnelleren Gangarten fällt der Reiter dem Pferd schwer ins Kreuz.

Harley-Reiter und solche, die wie auf einem Stuhl sitzen, benutzen nicht selten einen Sattel mit zu großer Sitzfläche. Oder der Sattel hat den tiefsten Punkt sehr weit hinten und die Steigbügelaufhängung zu weit vorne. Allerdings liegt es nicht immer am Bau des Sattels, wenn der Reiter schlecht sitzt. Oft ist es einfach eine schlechte Angewohnheit, mangelnde Ausbildung oder Gedankenlosigkeit des Reiters.

Der Klammeraffen-Sitz entsteht, wenn der Reiter aus Ängstlichkeit und mangelnder Übung die Balance verliert. Weil er unsicher ist, will er sich mit den Unterschenkeln am Pferd festklammern. Dadurch wandern diese automatisch nach hinten. Weil er seine Beine nicht kontrolliert, gibt er dem Pferd ungewollt einen Impuls zum Schnellerwerden. Setzt das Pferd diesen Impuls um, klammert er sich noch stärker fest, wodurch das Pferd wiederum schneller wird... so nimmt das Unglück seinen Lauf. Zum Schluß bleibt dem Reiter dann nur noch die Möglichkeit, seinen Oberkörper nach hinten zu werfen. Dadurch hängt er sein ganzes Körpergewicht in den Zügel und somit ins Maul des Pferds. Das Pferd reißt das Maul weit auf, den Kopf hoch und bleibt vielleicht stehen – unschöne Bilder.

Beim Stuhlsitz (hier übertrieben dargestellt) ist eine präzise Hilfengebung nicht möglich.

Beim Harleysitz ist das Bein zu weit nach vorn gestreckt und versteift. Die Fußspitzen sind nach außen gedreht, eine exakte Hilfengebung durch den Reiterschenkel ist kaum möglich.

An den Sitz des Reiters erhebe ich zwei Ansprüche. Der eine ist Zweckmäßigkeit, der andere Ästhetik. Diese zwei Ansprüche widersprechen sich nicht, sondern begründen sich gegenseitig. Ich strebe einen aufrechten, unverkrampften Sitz an, bei dem Schulter, Hüfte und Ferse des Reiters eine Senkrechte bilden. Der Kopf wird frei zwischen den Schultern getragen. Die Zügelfäuste stehen aufrecht, wodurch die Schultern die nötige rückwärtige Stellung erhalten. Trägt der Reiter seine Hände dagegen waagrecht, mit verdeckt gehaltenen Fingern, kommen die Schultern automatisch nach vorne, und er macht einen Buckel.

Die Zügel laufen von vorne nach hinten zwischen kleinem und Ringfinger in die Reiterhand. Zwischen Zeigefinger und darüberliegendem Daumen kommen sie wieder heraus. Der Reiter sollte seine Hand nicht zu fest zusammenpressen, aber auch nicht zu locker lassen. Sally Swift beschreibt dazu in ihrem Buch „Reiten aus der Körpermitte" ein sehr anschauliches Bild. Sie schreibt: „Stellen Sie sich vor, Sie hätten in jeder Faust ein Vögelchen. Halten Sie den Zügel so fest, daß es nicht wegfliegt, aber so locker, daß Sie es nicht zerdrücken." Wenn die Muskeln Ihrer Hand stark angespannt sind, verspannen Sie sich auch in Schulter und Rücken.

Ein verbesserter Sitz – aber der Reiter sitzt noch nicht locker genug, außerdem sollte er den Blick aufwärtsrichten.

Auch der Klammeraffen-Sitz (hier übertrieben dargestellt) erlaubt kein richtiges Reiten, weil die Sitzstabilität fehlt.

Wenn Sie den Zügel dagegen zu locker fassen, gleitet er Ihnen aus der Hand.

Der Reiter sitzt tief im Sattel. Dabei sollte er beide Gesäßknochen gleichmäßig belasten und die Beine locker aus der Hüfte nach unten fallen lassen. Sie liegen am Pferdebauch an, üben aber keinen aktiven Druck auf ihn aus. Der Druck auf die Steigbügel sollte nur so groß sein, daß der Reiter sie nicht verliert. Die Füße sind parallel zum Pferd positioniert, die Fußsohle steckt waagrecht im Steigbügel. Noch besser sind allerdings leicht durchgedrückte Absätze. Auf keinen Fall sollte man sie aber mit Gewalt nach unten drücken. Das führt zu einer harten Wade und einem unflexiblen Bein.

Mit diesem Sitz sitzen Sie im Gleichgewicht. Ihre Beine können frei agieren und mit dem Pferd kommunizieren. Ihr Oberkörper ist aufgerichtet, denn Sie haben es nicht nötig, sich am Zügel festzuhalten. Ohne diesen zügelunabhängigen Sitz gibt es kein gutes Reiten.

Der Harley-Sitz führt neben anderen Nachteilen dazu, daß der Reiter sehr viel Druck in den Steigbügel bringt. Dadurch versteift er Beine und Hüfte, was seine Flexibilität und Losgelassenheit beeinträchtigt. Außerdem haben alle Schenkelhilfen einen relativ weiten Weg.

Auch ein Reiter im Stuhlsitz ist nicht in der Lage, vernünftige Schenkelhilfen zu geben. Erstens liegen seine Schenkel an der falschen Stelle, zweitens sind seine Beine durch die unpassende Sitzposition völlig blockiert.

Hilfe zum Antreten, übertrieben dargestellt: Die Vordertür ist geöffnet, die Reiterschenkel sind angelegt, das Pferd setzt sich in Bewegung.

Vier-Türen-Prinzip unter dem Sattel

In diesem Kapitel beschäftigen wir uns mit einfachen Kommunikationsweisen unter dem Sattel. Es gibt genug Reiter, die auch nach Jahren des Umgangs mit Pferden noch nicht richtig verstanden haben, was sie eigentlich dort oben tun. Zum Vorwärtsgehen kicken sie dem Pferd in die Rippen, zum Anhalten ziehen sie im Maul. Zum Links- oder Rechtsabbiegen zerren sie so lange am entsprechenden Zügel, bis das Pferd den Kopf zur Seite nimmt und hoffentlich in die gewünschte Richtung läuft. Mehr Möglichkeiten der Kommunikation unter dem Sattel haben sie oft nicht. Ihr Repertoire enthält weder die einfache Übung des Rückwärtsrichtens noch die des Seitwärtstretens. Dabei handelt es sich hier um Lektionen, die jedes junge Pferd innerhalb der ersten vier bis sechs Ausbildungswochen lernen kann.

Wir stellen uns vor, daß das Pferd in einem Rahmen steht. Dieser Rahmen hat nach allen vier Richtungen Türen. Je nachdem, in welche Richtung ich das Pferd bewegen möchte, öffne ich die entsprechende Tür. Die anderen bleiben geschlossen, und an der Gegenseite wird ein Impuls angebracht. Die Vordertüre ist durch den Zügel begrenzt, die Hintertür durch den Sitz des Reiters, die linke Seitentüre durch seinen linken, die rechte durch seinen rechten Schenkel.

Soll das Pferd antreten, richte ich mich im Sattel auf und gebe die Zügelhand etwas nach vorne. Dadurch öffne ich die Vordertür. Ich lasse meine Bauchdecke nach innen fallen und kippe so das Becken nach hinten. So bekommt das Pferd einen Schub nach vorne. Gleichzeitig übe ich mit den Beinen beidseitig einen leichten impulsartigen Druck auf seinen Bauch aus. Dazu drehe ich meine Fersen nach innen, wodurch meine Wadenmuskulatur zum Einsatz kommt. Jetzt treibt die Wadenmuskulatur das Pferd von hinten nach vorne an.

Sobald es sich in Bewegung setzt, nehme ich die Einwirkung weg und lasse es seine Arbeit tun. Falls es nicht reagiert, kann ich vorübergehend einen stärkeren Schenkelimpuls geben. Bevor ich allerdings ständig mit stumpfen Schenkeln auf mein

Halt, alle vier Türen sind geschlossen! Der Zügel ist angenommen, die Schenkel liegen weich an, das Becken ist nach hinten abgekippt.

Rückwärts! Die Vordertür ist geschlossen, das Becken ist nach vorne abgekippt, die Schenkel liegen etwas weiter hinten und geben leichte Impulse.

Pferd einwirke, setze ich besser zur Verstärkung eine Gerte ein. Mit ihr kann ich meine Reize sehr differenziert an den unterschiedlichen Körperstellen des Pferdes anbringen.

Zum Antreten setze ich zunächst die Schenkelhilfe ein. Dann gebe ich zur Verstärkung einen leichten Gertenreiz auf die Hinterhand. Reagiert das Pferd nicht in der gewünschten Weise, verstärke ich ihn so weit, daß es sich in Gang setzt. Dann nehme ich den Reiz augenblicklich weg. Auch hier gilt wieder das Prinzip: so wenig wie möglich, aber soviel wie nötig. Bei jungen, anzureitenden Pferden ist es sinnvoll, daß ein Führer vom Boden aus die ersten Gehversuche mit Reiter auf dem Rücken einleitet.

Möchte ich anhalten, atme ich tief aus. Dadurch verliert mein Körper die Spannung, und meine Bauchdecke fällt nach innen, was wiederum den Effekt des Beckenabkippens hat. Dabei lasse ich diesmal aber den Zügel anstehen. Ich reite das Pferd also gegen den anstehenden Zügel und veranlasse es so zum Anhalten. Meine Schenkel liegen weich am Pferd. Alle vier Türen sind geschlossen. Wenn das Pferd steht, entspanne ich vollends und gönne ihm eine Pause.

Seitwärts! Hier sehen Sie die geöffnete rechte Seitentüre, den impulsgebenden linken Schenkel in Verbindung mit dem anliegenden linken Zügel.

Will ich mein Pferd rückwärtsrichten, schließe ich die Vordertür, indem ich den Zügel annehme. Meine Schenkel nehme ich ein wenig zurück, den Oberkörper beuge ich ganz leicht vor. Ich kippe mein Becken nach vorne. Dadurch wird mein Hinterteil hinten ein wenig angehoben – die Hintertür ist geöffnet. Stellen Sie sich einfach vor, Sie würden einen „Entenpopo" simulieren. Die Fußspitzen drehe ich etwas nach innen und gebe dem Pferd dadurch mit der Innenseite meiner Unterschenkel einen Impuls von vorne nach hinten. Gleichzeitig wirkt mein Becken rückwärtstreibend auf das Pferd ein.

Anfangs verlange ich immer nur einen Schritt rückwärts und lege dann eine Pause ein. Erst mit der Zeit steigere ich die Zahl der Rückwärtsschritte. Rückwärtsgehen ist eine sehr gute Gymnastik für das Untersetzen der Hinterhand und das Aufwölben der Wirbelsäule. Da Pferde von Natur aus aber nur sehr selten oder gar nicht rückwärtsgehen, muß diese Gangart sehr langsam aufgebaut werden.

Beim Seitwärtstreten gehe ich folgendermaßen vor: Ich sitze aufrecht auf meinem Pferd, wodurch die Hintertür geschlossen ist. Den Zügel lasse ich anstehen und verschließe damit die Vordertür. Hilfreich ist es, wenn ich dabei den äußeren Zügel am Hals des Pferdes angelegt habe. Den inneren strecke ich in Bewegungsrichtung ab. Soll mein Pferd nach rechts weichen, lasse ich meinen rechten Schenkel passiv an seinem Körper liegen oder strecke ihn ganz leicht ab. Jetzt wird der linke Schenkel aktiv und treibt das Pferd durch die geöffnete rechte Seitentür. Dabei liegt mein Schenkel ein Stück hinter dem Sattelgurt. Soll es nach links weichen, arbeite ich entsprechend spiegelbildlich. Nimmt mein Pferd die seitwärtstreibenden Schenkelhilfen nicht in genügender Weise an, kann auch hier vorübergehend die Gerte zur Unterstützung eingesetzt werden. Anfangs kann es hilfreich sein, das Pferd zusätzlich nach vorne zu begrenzen. Dazu stelle ich es vor eine Bande oder Einzäunung.

Beim Erarbeiten von Trailaufgaben ist es besonders wichtig, daß das Pferd lernt, Vorderhand und Hinterhand separat zu verschieben. Aus dem Verschieben der Vorderhand zur Seite hin entsteht die Hinterhandwendung, also eine Verschiebung der Vorderhand um die Hinterhand. Eine Vorderhandwendung ist dagegen keine Verschiebung der Hinterhand um die Vorderhand.

Beginnen wir mit der Vorderhandwendung. Ich sitze auf meinem Pferd und nehme beide Zügel an, um es nach vorne zu begrenzen. Möchte ich, daß es seine Hinterhand nach rechts verschiebt, lege ich meinen linken Schenkel deutlich hinter den Sattelgurt und gebe einen Schenkelimpuls. Reagiert mein Pferd nicht, muß ich den Impuls verstärken oder gegebenenfalls zur Unterstützung die Gerte einsetzen. Währenddessen liegt mein rechter Schenkel verwahrend am Gurt, um die Vorderhand zu fixieren. Nach dem ersten Schritt kommt sofort eine Pause, und ich lobe das Pferd.

Tut sich das Pferd anfangs mit dem Hinterhandweichen schwer, kann es helfen, wenn man seinen Kopf ein wenig zur Seite stellt. Dadurch löst sich die Hinterhand. In ganz hartnäckigen Fällen kann es auch notwendig sein, den Kopf vorübergehend so weit zu biegen, daß er das Bein des Reiters berührt. Hat mein Pferd verstanden, was ich von ihm will, kann ich langsam die Zahl der Schritte steigern – so lange, bis es sich mit der Hinterhand um 360 Grad um die Vorderhand dreht.

Bei der Hinterhandwendung soll das Pferd seine Vorderhand nach rechts verschieben. Dazu gebe ich folgende Hilfen: Mein linker Schenkel liegt am Gurt und gibt seitwärtstreibende Impulse, der rechte ist passiv. Mein rechter Arm ist in die Bewegungsrichtung abgestellt und führt das Pferd über den rechten Zügel nach rechts. Der linke Zügel ist angenommen und verhindert, daß das Pferd den Hals zur Seite biegt. Wenn er an die linke Halsseite angelegt wird, kann er aber zusätzlich die Seitwärtstendenz unterstützen.

Auch hier kann ich vorübergehend zur Verstärkung die Gerte einsetzen, wenn das Pferd schlecht auf die Schenkelhilfe reagiert. Mit ihr touchiere ich die linke Schulter des Pferds und gebe so zusätzlich seitwärtstreibende Impulse. Tendiert das Pferd dazu, mit der Hinterhand auszuweichen, muß ich diese fixieren. Dabei kann es hilfreich sein, das Pferd anfangs parallel zu einer Begrenzung aufzustellen. Die Vorderhand weicht von dieser Begrenzung weg, die Hinterhand wird begrenzt und kann nicht ausscheren. Auch hier muß ein langsamer, gefühlvoller Aufbau selbstverständlich sein. Wenn ich meine Hausaufgaben bei der Bodenarbeit sorgfältig gemacht habe, ist mein Pferd gut darauf vorbereitet, diese Lektionen ohne großes Problem recht schnell vom Sattel aus zu verstehen.

Bewußt übertriebene Hilfen helfen dem Pferd bei der Ausbildung, den Reiter deutlicher zu verstehen.

Am Anfang schreibt man Großbuchstaben

Wenn ich beginne, mit einem Pferd unter dem Sattel zu arbeiten, gebe ich am Anfang alle Hilfen sehr deutlich, sozusagen in Großbuchstaben. Verwechseln Sie aber deutliche Hilfengebung nicht mit grober Hilfengebung. Das Pferd muß zuerst einmal auf meine Absicht aufmerksam gemacht werden. Ich muß ihm durch deutliche Hilfen meine Wünsche verständlich machen. Je mehr das Pferd versteht, was ich von ihm will, um so feiner werden meine Einwirkungen. Hier können wir Vergleiche zu einem frisch eingeschulten Erstklässler ziehen, der beim Schreibenlernen in der Regel ja auch erst einmal Großbuchstaben malt. Später werden seine Buchstaben kleiner, das Schreiben wird flüssiger und das Schriftbild gleichmäßiger. So ist es auch mit Pferden.

Habe ich das junge Pferd bestiegen, reite ich nicht gleich los. Es soll lernen zu warten, bis mein Kommando kommt. Ich gebe deutliche Schenkelhilfen zum Antreten und achte darauf, daß sie auch zügig umgesetzt werden. Die Zügelhände trage ich relativ weit auseinander. So kann ich das Pferd bessser einrahmen und schneller korrigieren, wenn es von der vorgegebenen Richtung abweicht.

Will ich mit meinem Pferd eine Wendung einleiten, drehe ich meinen Oberkörper deutlich in die gewünschte Richtung. Meine innere Hand ist weit nach innen abgestellt und zeigt dem Pferd mit dem Zügel den Weg in die Biegung. Wenn ich anhalte, gebe ich eine ausgiebige Pause. Wichtig ist es auch, daß ich das Pferd am Anfang deutlich lobe, wenn es gute Arbeit geleistet hat. Denn junge Pferde sind unsicher und brauchen Bestätigung. Wenn sie sie bekommen, motiviert sie das für noch bessere Leistungen.

Die Dauer der einzelnen Aktionen richtet sich nach der Kooperationsbereitschaft, Lernfähigkeit und Sensibilität des jeweiligen Pferds. Manche Pferde verstehen sofort und setzen das Verlangte spontan um, andere brauchen dagegen Wochen. Das ist genau wie bei zweibeinigen Schülern. Mit zunehmender Übung bilden sich bei den Pferden Reflexbahnen, und sie entwickeln einen Automatismus. Jetzt kann ich nach und nach meine Hilfen verfeinern. Im Laufe der Zeit sollte man sie von außen immer weniger sehen können. Das Endziel ist es, das Pferd nur mit gedachten Hilfen zu reiten.

Wer dagegen glaubt, ein junges Pferd gleich nach den Standardregeln der Reitvorschriften reiten zu können, wird nicht viel Freude haben. Diese Standardregeln kann es noch nicht verstehen, es ist maßlos überfordert. Bestraft der Reiter das Pferd dann auch noch dafür, verwirrt er es vollends. Ein Reiter, der so handelt, hat nichts verstanden.

Das Zusammenspiel der Hilfen

Reiterliche Hilfen sind Maßnahmen, die uns helfen, uns mit unserem Pferd zu verständigen. Wir kennen ein halbes Dutzend oder mehr davon. Wir wissen von Zügel-, Schenkel-, Gewichts-, Gerten-, Stimmhilfen... Wenn man nur die einzelnen Hilfen losgelöst voneinander anwenden müßte, wäre dieser Sport sicher nicht so schwer zu erlernen. Schwierig wird er dadurch, daß die Hilfen miteinander koordiniert und aufeinander abgestimmt werden müssen. Reiten ist also ein Zusammenspiel verschiedener Hilfen. Erschwerend kommt hinzu, daß das Pferd eine eigene Meinung hat...

Wer versucht, das Zusammenspiel der reiterlichen Hilfen mit allen Einschränkungen zu erklären, richtet gerade im Kopf eines Einsteigers ein heilloses Chaos an. Der (bei uns teilweise etwas umstrittene) französische Zirkusreiter François Baucher sagte einmal: „Hand ohne Bein und Bein ohne Hand."

Das bedeutet: Klären Sie die Dinge nacheinander ab. Wenn Sie anfangs gleichzeitig Zügel-, Schenkel- und vielleicht noch die Gertenhilfe einsetzen, überfordern Sie das junge Pferd aller Voraussicht nach maßlos. Aber auch der Reiter selbst ist überfordert und macht dann in manchen Fällen mehr kaputt als richtig.

Zügelführungen, Sitz oder das Vier-Türen-Prinzip lassen sich getrennt voneinander erarbeiten, jedes ist für sich ein wertvoller Baustein zum erfolgreichen Reiten. Wenn gute Vorabeit geleistet wurde, geht der Rest fast von alleine.

Sally Swift arbeitet in ihrem Buch oft mit imaginären Bildern und vermittelt Menschen auf diese Weise ihre Theorie vom richtigen Reiten. Sie sagt: „Stellen Sie sich vor, Sie haben Augen auf der Brust. Wo immer Sie hinreiten wollen, schauen Sie mit diesen Augen hin. Dabei hält der Zügel Kontakt zum Pferdemaul. Sie wollen geradeaus reiten. Also schauen Sie mit der Brust geradeaus. Ihr Pferd ist nach vorne ausgerichtet und geht im Gleichgewicht. Sie wollen eine Rechtsvolte reiten. Also schauen Sie mit der Brust je nach Durchmesser der zu reitenden Volte mehr oder weniger nach rechts."

Sally Swifts Sätze sind an Klarheit nicht zu über-

Seitengänge sind schwierig, weil viele Hilfen koordiniert werden müssen. Schnell schleichen sich kleine Fehler wie ungleich hohe Schultern ein.

treffen. Denn es passiert folgendes: Durch das Drehen der Schultern erfährt die Wirbelsäule eine Rotation, die sich auf das Becken überträgt. Den inneren Schenkel legen Sie in Gurthöhe ans Pferd, den äußeren etwas nach hinten. Ihr Becken führt das Pferd in die Wendung. Gleichzeitig führen Sie das Pferd über den Zügel mit dem Kopf nach innen, indem Sie die innere Schulter hereindrehen. Die äußere Schulter geht vor und gibt dem äußeren Zügel genügend Spiel, damit das Pferd nicht in seiner Biegung behindert wird.

Versuchen Sie, beim Reiten einen weichen Blick zu entwickeln. Reiten Sie mit weit offenen Augen durch die Welt. Denn wenn Ihr Blick weich ist, kann auch Ihr Körper nicht verspannt sein. Kneifen Sie die Augen dagegen zusammen oder fixieren Sie scharf bestimmte Gegenstände, wird Ihr Blick hart, Ihre Atmung gepreßt, und Ihre Muskeln sind angespannt.

An dieser Stelle werde ich auf die Hilfen zum Antraben und Angaloppieren eingehen. Im Kapitel über das Vier-Türen-Prinzip unter dem Sattel habe ich bereits die Hilfen zum Antreten im Schritt beschrieben. Möchte ich antraben, wende ich dieselben Hilfen an, nur ist der Schenkelimpuls intensiver. Anfangs empfiehlt es sich, aus dem Schritt anzutraben, später kann man es auch aus dem Stand oder gar aus dem Rückwärtsgehen heraus machen. Das fördert enorm die Dynamik und Schubkraft der Hinterhand, und die Wirbelsäule wölbt sich gut auf.

Zum erstenmal galoppiert das junge Pferd am besten aus dem Trab an. Das übt man sinnvollerweise auf dem Zirkel. Der beste Augenblick zum Angaloppieren ist derjenige, in dem das Pferd, von der offenen Seite des Zirkels kommend, wieder auf die Begrenzung der Reitbahn zuläuft. Kurz bevor es sie erreicht, sollten die Hilfen kommen. Jetzt ist es nämlich gut gebogen und in einer guten Position, um den Galopp aufzunehmen.

Ich lege meinen inneren Schenkel nach vorne – dorthin, wo der Sattelgurt liegt. Den äußeren Schenkel lege ich deutlich hinter den Gurt. Meine innere Schulter geht leicht vor, die äußere Schulter zurück. Ich sitze vermehrt auf dem inneren Gesäßknochen. Meine innere Hand hebe ich ein wenig an. Dadurch erhält das Pferd eine leichte Innenstellung, und die innere Schulter wird frei. Mit beiden Schenkeln gebe ich jetzt einen kurzen, leichten Schenkelimpuls – das Pferd ist im Galopp.

Auch kleine Fehler können beim Reiten stören: Hier ist der Absatz zu weit oben, das Reiterbein ist nicht locker.

Ich treibe nicht permanent, sondern lasse es seine Arbeit tun. In dieser Phase benutze ich die Zügel nur, um ihm die Richtung zu weisen und es im Bedarfsfall besser kontrollieren zu können. Bei einzelnen Pferden kann es auch sinnvoll sein, sie im Moment des Angaloppierens mit dem Kopf nach außen zu stellen.

Finden Sie den Takt

Reiten ist ein faszinierender Sport. Daß er immer in Teamarbeit ausgeübt wird, macht ihn zu einer besonderen Herausforderung. Das Team besteht aus meinem Pferd und mir. Zwei sehr unterschiedliche Wesen sollen also, aufeinander abgestimmt, bestimmte Aufgaben erledigen. Dabei übernimmt im Idealfall der Mensch die Kopfarbeit, das Pferd die Muskelarbeit. Da dem Pferd die körperlich schwierigere Aufgabe zukommt, sollte ich als guter Partner bemüht sein, sie ihm zu erleichtern. Ich muß lernen, das Pferd in seiner Arbeit nicht durch kontraproduktives Verhalten zu behindern. Dazu erfühle ich den Körperrhythmus des Pferds und lasse mich aktiv in seine Bewegungsdynamik hineinnehmen. Wenn ich dagegen unbeteiligt und starr auf meinem Pferd sitze und mich tragen lasse, ist Reiten bestenfalls ein Fleischtransport.

Als ich mit meinem kleinen Sohn durch einen Park schlenderte und meinen Arm um seine Schultern gelegt hatte, stellte ich fest, daß es sehr schwierig war, nebeneinander herzugehen. Sein Körper bewegte sich in einem anderen Rhythmus als meiner, immer wieder stieß er gegen meinen Arm. Alles wirkte unharmonisch und eckig. Wir behinderten uns gegenseitig in der freien Bewegung. Erst als ich begann, mich seinem Gangrhythmus anzupassen, und seinen Schritt aufnahm, wurde unser gemeinsames Gehen harmonisch. Wir hatten den gemeinsamen Takt gefunden.

Reiten beginnt dort, wo Reiter und Pferd in ihrem Körperrhythmus aufeinander abgestimmt sind, wo sie miteinander und nicht gegeneinander arbeiten. Damit eine Harmonie im Gleichmaß der Bewegung entsteht, muß sich zunächst immer der Mensch dem Körperrhythmus des Pferds anpassen. Später, wenn er gelernt hat, den Takt des Pferds aufzunehmen, kann er dessen Gang beeinflussen, indem er vor oder hinter der Bewegung des Pferds geht. Wenn aber zwei nicht aufeinander abgestimmte Körper eine gemeinsame Arbeit tun sollen, behindern sie sich gegenseitig. Die Arbeit wird zur Schwerarbeit.

Besonders im Schritt und Trab fühlen Sie die wechselseitigen Bewegungen des Pferds. Wenn Sie sich auf Ihr Pferd setzen und die Augen schließen, können Sie genau fühlen, wie Sie in diesen Gangarten abwechselnd links und rechts nach vorne oben geschoben werden. Das geschieht immer dann, wenn das Pferd auf dem entsprechenden Hinterbein auffußt und seinen Körper nach vorne schiebt. Falls Sie Angst haben, blind zu reiten: Bitten Sie einen Helfer, Sie zu führen. Ich finde, daß man den Rhythmus am besten mit geschlossenen Augen erfühlen kann.

Jetzt versuchen Sie, sich diesem Rhythmus anzupassen und sich in die Bewegung des Pferds mit hineinnehmen zu lassen. Machen Sie sich diese Bewegung immer wieder bewußt. Anfangs werden Sie sich darauf konzentrieren müssen, aber mit der Zeit entwickeln Sie einen Automatismus. Es wird für Sie selbstverständlich werden, sich im Takt mit dem Pferd zu bewegen. Jetzt werden Sie das Reiten als angenehmer empfinden, denn Sie werden nicht ständig von den Bewegungen des Pferds irgendwohin gestoßen. Das Pferd wird freier, gelöster und auch kräfteschonender seine Arbeit tun können, denn Sie stören es nicht mehr in seiner Bewegung.

So auf die Bewegungen des Pferds eingestellt, können Sie nun aktiv über den Rhythmus mit Ihrem Pferd kommunizieren. Möchten Sie das Pferd im Gang verlangsamen, gehen Sie hinter seine Bewegung. Das heißt, Sie wählen Ihre Bewegungsfrequenz ein wenig langsamer als die des Pferds. Im Normalfall wird es sich Ihrer Bewegung anpassen und entsprechend langsamer werden. Möchten Sie es im Gang beschleunigen, gehen Sie vor seine Bewegung. Ihr Rhythmus wird schneller, und das Pferd wird entsprechend zügiger vorwärtsgehen.

Jörg Zink sagte einmal: „Wer im Meer schwimmt, merkt, daß er sich eine Stunde lang hält, wenn es ihm gelingt, sich in den Rhythmus der Wellen einzufügen, und daß er nach einer halben Stunde am Ende seiner Kräfte sein kann, wenn ihm das nicht gelingt. Wer den Schritt seines Pferdes nicht aufnimmt, wird nie ein Reiter."

Figuren, die in Form bringen

Eine der bekanntesten Trainingsmöglichkeiten für Pferde ist das Reiten von Hufschlagfiguren. Leider ist es in breiten Schichten der Reiterei auch oft die einzige Beschäftigung mit dem Pferd. Nicht wenige verbringen ihr gesamtes Reiterleben damit, Kreise, gerade Linien und Schlangenlinien zu reiten. Viele Pferde lernen ihr ganzes Leben lang nichts anderes kennen als Box und Reithalle, in der sie ausschließlich Hufschlagfiguren laufen. Wo sich Reiten ausschließlich auf das Absolvieren von Hufschlagfiguren beschränkt, degeneriert dieser faszinierende Sport meist zu einer öden Sache. Das heißt freilich nicht, daß das Reiten von Hufschlagfiguren eine nutzlose Beschäftigung ist. Nur dort, wo es ausschließlich und um seiner selbst willen betrieben wird, sehe ich es kritisch.

Hufschlagfiguren sind ein ausgeklügeltes System geometrischer Figuren, die dazu dienen, das Pferd zu gymnastizieren und seine Rittigkeit, Durchlässigkeit und Feinabstimmung zu fördern. Je präziser sie geritten werden können, um so erfolgreicher war das Training. Allerdings sollte es nicht oberstes Ziel sein, durch harte Präzision die einzelnen Figuren zentimetergenau zu erreiten. Ein weiches, fein abgestimmtes Miteinander, sowohl im Erreiten der Figuren wie auch in den Umstellungen und Übergängen, sind hier viel höher zu bewerten.

Hufschlagfiguren sind imaginäre Linien, die zwar im Kopf des Reiters sichtbar sind, nicht aber für die Augen des Pferds. Das macht sie nicht immer leicht für das Pferd. Der Reiter muß deshalb genaue Vorgaben machen. Einfacher wäre es sicher, die Hufschlagfiguren mit Hilfe von Markierungen oder Hindernissen zu kennzeichnen, die das Pferd sehen kann. Hufschlagfiguren kann man in allen Gangarten reiten, sinnvollerweise fängt man im Schritt an. Die unterschiedlichen Formen, Biegungen und Durchmesser von Volten und Zirkeln erfordern unterschiedliche Biegungsgrade und Umstellungen des Pferds. Dadurch wird es sowohl körperlich als auch mental fit.

Die üblichen Hufschlagfiguren sind aus der klassischen Reiterei, aus dem Unterricht und aus zig Seminaren und Büchern sattsam bekannt. Viel mehr Spaß macht es, sich eigene Hufschlagfiguren auszudenken oder bekannte abzuwandeln. Das Heil liegt nicht in der Anwendung der von offiziellen Gremien festgelegten Vorgaben.

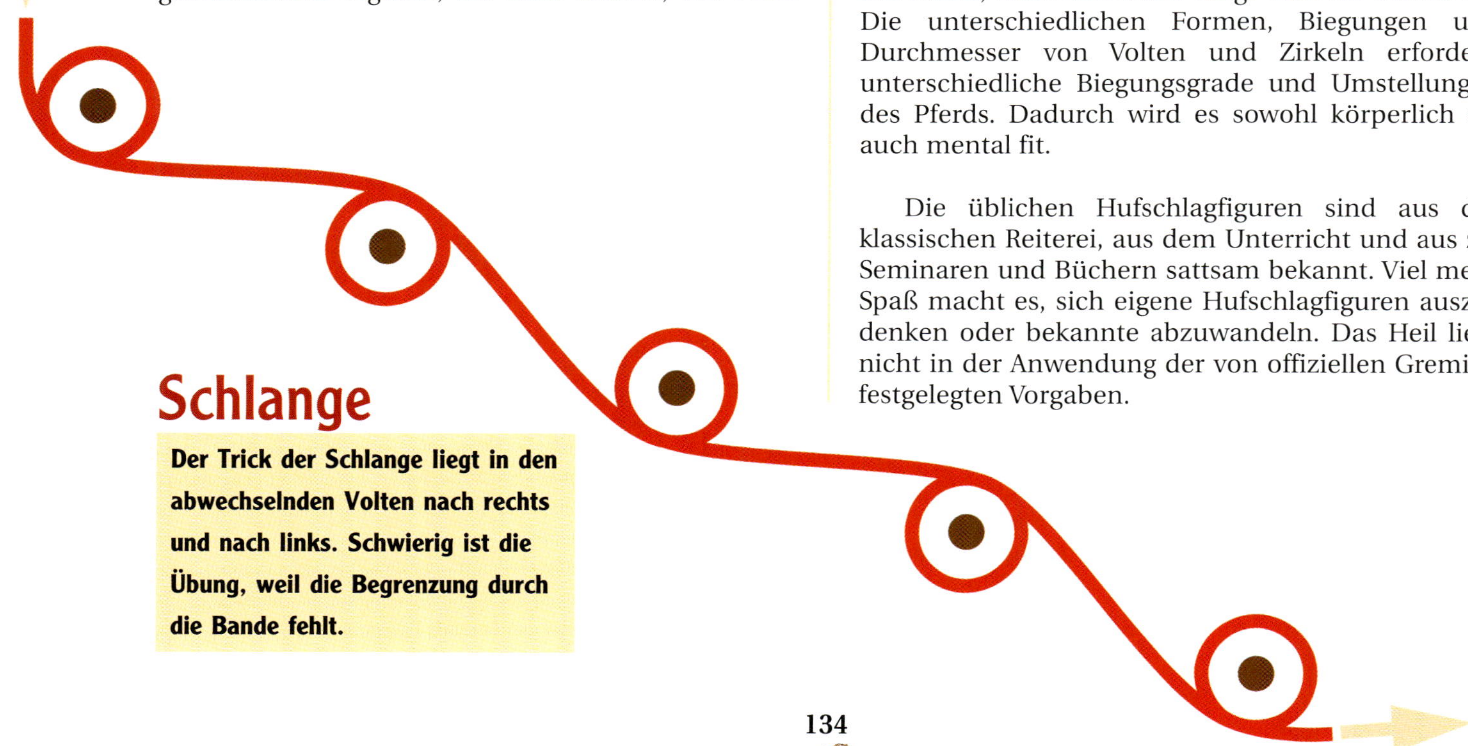

Schlange

Der Trick der Schlange liegt in den abwechselnden Volten nach rechts und nach links. Schwierig ist die Übung, weil die Begrenzung durch die Bande fehlt.

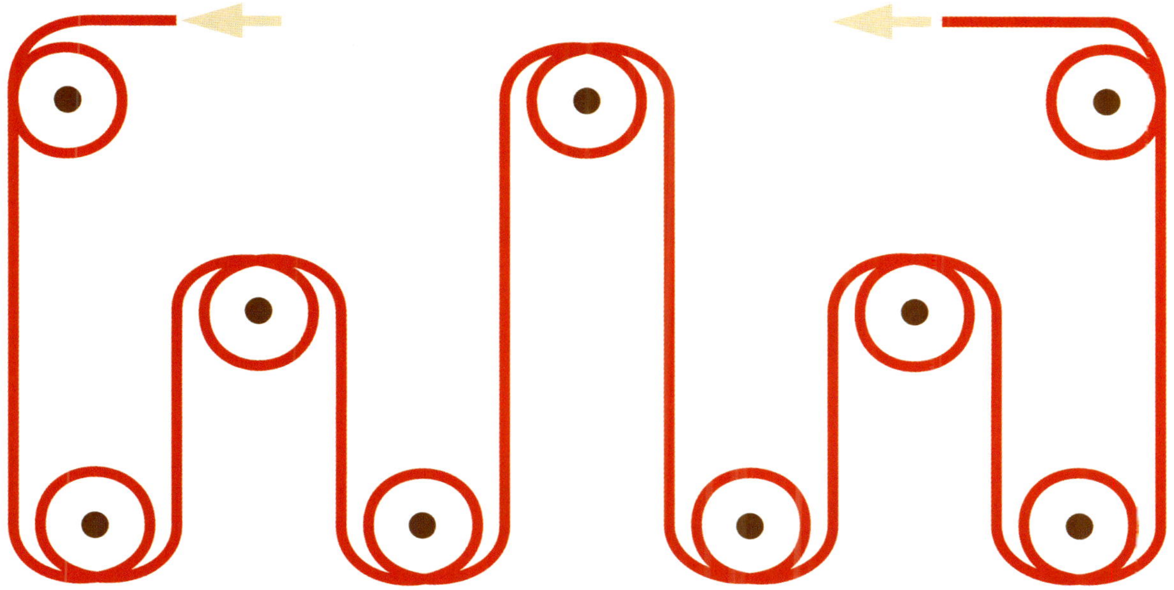

Berg und Tal

Volten und Geraden stellen hohe Ansprüche an Pferd und Reiter. Bei jungen oder steifen Pferden kann man auf Volten verzichten.

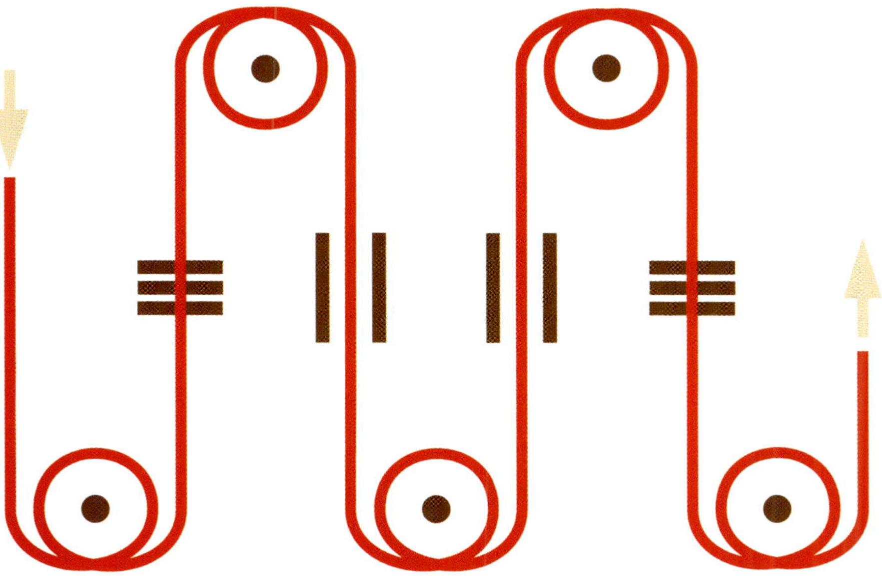

Hohlweg

Die Figur verlangt weniger Biegungen als Berg und Tal. Sie trainiert dafür aber die Geschicklichkeit des Pferdes beim Hindernis-Ritt.

Lasso

Die Figur erinnert an einen Slalom. Die Zahl der Schleifen kann dabei je nach Ausbildung erhöht oder verringert werden.

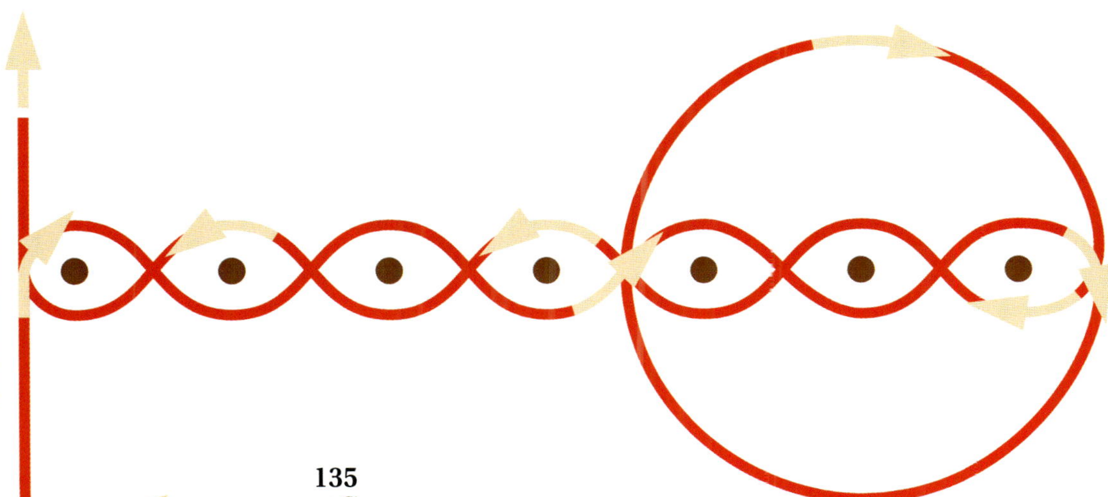

Durch schiefe Gänge zum geraden Reiten

Schulterherein auf drei Hufschlägen geritten. Es ist deutlich zu erkennen, wie das innere Hinterbein in die Spur des äußeren Vorderbeins tritt.

Im Kapitel „Klassische Lektionen an der Hand" haben wir uns mit Seitengängen beschäftigt. Diese lassen sich ausgezeichnet an der Hand vorbereiten und üben. Wenn das Pferd sie ohne die Belastung des Reitergewichts gelernt hat, besitzt es ein gutes Fundament für das Einüben unter dem Sattel. Die Vorübungen an der Hand sind nicht unbedingt Voraussetzung, aber doch sehr zu empfehlen.

Erinnern wir uns an das Vier-Türen-Prinzip. Wir hatten dem Pferd mit vier Türen einen Rahmen gesetzt. Die Tür, in deren Richtung es sich bewegen sollte, wurde geöffnet, die drei anderen geschlossen und an der Gegenseite ein Impuls gesetzt. Bei den Seitengängen werden gleich zwei Türen geöffnet. Das Pferd soll sich in zwei Richtungen bewegen – vorwärts und seitwärts. Je nach Lektion erhält es dabei eine bestimmte Körperstellung oder -biegung. Seitengänge sind nicht einfach zu reiten, besitzen aber einen hohen gymnastizierenden Wert.

Beginnen wir mit dem Schulterherein. Die Vorstufe für das Schulterherein ist das Schultervor. Dabei wird das Pferd mit dem Kopf geringfügig nach innen gestellt. Der innere Schenkel liegt am Gurt und verhindert, daß das Pferd der Nase nach in die Mitte der Bahn abdriftet. So ist es ganz leicht gebogen, geht aber auf dem Hufschlag geradeaus weiter. Seine Schulter geht auf dem Hufschlag voran, was dieser Lektion ihren Namen gab.

Am Anfang fordere ich die Abstellung immer wieder für wenige Schritte und richte das Pferd danach wieder gerade. Manche Pferde haben Probleme damit, bei abgestelltem Kopf mit dem Körper geradeauszugehen. Meist reicht bei ihnen der Schenkel des Reiters nicht, um sie auf der Bahn zu halten. Hier empfiehlt es sich, im Konterschultervor oder später auch im Konterschulterherein zu beginnen. Durch die begrenzende Bande wird das Pferd so auf dem Hufschlag gehalten.

Beim Schultervor tritt das Pferd mit dem inneren Hinterbein zwischen die Spuren der beiden Vorderbeine. Wenn die Schultervor-Übung kein Problem mehr ist, kann ich zum Schulterherein übergehen. Hierbei drehe ich meine innere Schulter deutlich nach hinten, das Pferd erhält eine stärkere Innenabstellung als bei der Vorübung. Der innere Schenkel treibt nun am Gurt Richtung äußerer Zügel. Mein äußerer Schenkel ist nach hinten gelegt, um die Hinterhand des Pferds zu fixieren.

Solange ich an einer Umgrenzung entlangreite, mag die Begrenzung durch den äußeren Schenkel nicht von so großer Bedeutung sein. Spätestens, wenn ich das Schulterherein im freien Raum reiten möchte, wird meinem Pferd die Begrenzung der Hinterhand durch die Bande aber fehlen. Dann muß ich es mit meinem äußeren Schenkel begrenzen. Folglich ist es am besten, von Anfang an den äußeren Schenkel einzusetzen. So installiere ich auch bei mir gleich die richtigen Reflexbahnen. Mit dem inneren Schenkel treibe ich impulsartig. Immer dann, wenn das äußere Vorderbein des Pferds auffußt, muß ich treiben. Denn jetzt ist das innere Vorderbein in der Schwebe- oder Abfußphase und kann entsprechend durch richtiges Treiben gelenkt werden.

Damit das Schulterherein gelingt, muß man auch den äußeren Zügel richtig gebrauchen. Wenn er durchhängt, wird sich das Pferd im Hals überbiegen und über die äußere Schulter ausbrechen. Das kann ich nur verhindern, indem ich es ordentlich mit dem äußeren Zügel begrenze. Grundsätzlich gilt bei den Seitengängen, daß die Schulter des Reiters parallel zu der des Pferds stehen soll. Ebenso soll das Becken des Reiters parallel zu dem des Pferds stehen.

Ich kann das Schulterherein auch aus der Ecke oder einer Volte heraus einleiten. Wenn ich in der Bahn die Ecke durchreite, hat mein Pferd bereits automatisch die richtige Biegung. Jetzt stelle ich mir vor, daß ich eine Volte reiten möchte, und leite sie ein. Ich reite sie aber nur so weit, daß das Pferd stark genug von der Bande abgestellt ist, um das Schulterherein reiten zu können. Nun bremse ich es in der Vorwärtsbewegung und treibe es mit dem inneren Schenkel seitwärts. Da Seitengänge sehr anstrengend sind, fordere ich anfangs immer nur wenige Seitwärtsschritte. Mit der Zeit kann ich ihre Zahl dann steigern.

Eine Lektion soll beendet werden, nachdem sie besonders gut gelungen ist. Das motiviert das Pferd, seine Aufgabe gut zu machen, damit es möglichst bald damit aufhören kann. Hat es eine schwierige Lektion gut gemeistert, hat es eine Entspannungsphase verdient.

Die Umstellung vom Schulterherein ins Renvers. Allerdings fällt hier die Abstellung etwas zu stark aus.

Mit zunehmendem Training steigere ich die Zahl der Schritte im Schulterherein und reite die Lektion durch die Ecke und auf Zirkeln und Volten. Trab- und Galoppschulterherein folgen. Im Trab gerittene Seitengänge eignen sich besonders dazu, ein Pferd

Die Traversale, eine Vorwärts-Seitwärts-Bewegung des Pferds diagonal durch die Bahn. Dabei sitzt der Reiter etwas mehr auf dem inneren Gesäßknochen.

geschmeidig zu machen. Bevor ich mich anderen Seitengängen wie Travers, Renvers und Traversale widme, muß die Lektion Schulterherein gut beim Pferd sitzen.

Wenn ich die Lektion Travers erarbeite, beginne ich mit folgenden Vorübungen: Mein Pferd geht auf dem Hufschlag. Mit dem äußeren Schenkel verschiebe ich seine Hinterhand für zwei bis drei Schritte auf den zweiten Hufschlag. Dann lasse ich es wieder für einige Schritte geradeausgehen. Ich wechsle also immer wieder zwischen Kruppeherein und Geradeaus. So wird mein Pferd schenkeldurchlässiger, seine Hinterhand wird flexibel.

Als nächstes kommt die Lektion Schultervor dazu. Jetzt wechsele ich zwischen Schultervor, Geradeaus, Kruppeherein, Geradeaus, Schultervor. Diese Übung mache ich auf beiden Seiten. So erarbeite ich die Lektion Travers in einzelnen Bausteinen und setze diese anschließend zusammen. Wenn die Vorübungen meinem Pferd keine Mühe mehr bereiten, widme ich mich der eigentlichen Lektion.

Ich leite Kruppeherein und Schultervor gemeinsam ein und erhalte das Travers. Beim Schultervor wird jetzt aber nicht mehr der Pferdekopf in Richtung Bahnmitte abgestellt. Kopf und Hals sind vielmehr auf dem Hufschlag geradegerichtet, der übrige Körper ist in einem 30-Grad-Winkel von der Bande abgestellt und um den inneren Schenkel gebogen. Ich gebe folgende Hilfen: Mein innerer Schenkel liegt verwahrend am Sattelgurt. Der äußere Schenkel liegt hinter dem Gurt und treibt die Hinterhand in Richtung Bahnmitte. Die innere Schulter geht vor, die äußere dadurch automatisch zurück. Innerer Zügel und äußerer Schenkel biegen das Pferd um den inneren Schenkel. So entsteht die für Seitengänge typische hohlgebogene Stellung.

Auch das Travers kann ich, wie das Schulterherein, aus dem Durchreiten der Ecke entwickeln. Hier nutze ich wieder den Umstand, daß sich das Pferd beim Durchreiten der Ecke automatisch biegt. Jetzt treibt mein äußerer Schenkel die Hinterhand des Pferdes ins Innere der Bahn, während innerer Zügel und innerer Schenkel dafür sorgen, daß die Stellung im Vorderhandbereich erhalten bleibt. Der äußere Zügel geht etwas vor und begrenzt durch leichtes Gegenhalten die äußere Halsseite des Pferdes.

Das Renvers ist praktisch mit dem Travers identisch. Einziger Unterschied: Beim Travers ist die Kruppe des Pferdes ins Innere der Bahn gerichtet, beim Renvers zeigt sie dagegen zur Bande. Das Renvers entwickle ich aus dem Schulterherein. Das Pferd geht auf dem Hufschlag in Schulterhereinstellung. Nun beginne ich, es zunächst im Körper geradezurichten, wobei aber die Abstellung immer beibehalten wird.

Dann wird es langsam in die Hohlbiegung umgestellt. Die innere Zügelhand geht vor, die äußere führt den Zügel Richtung Bauchnabel des Reiters und gibt dem Pferd die neue Stellung. Dabei drehe ich die äußere Schulter nach vorne. Der zuvor am Gurt seitwärtstreibende innere Schenkel wandert deutlich hinter den Gurt und treibt aus dieser Position weiter. Den verwahrend hinter dem Gurt liegenden äußeren Schenkel lege ich weiter nach vorne an den Gurt. So biegen äußerer Zügel und innerer Schenkel das Pferd um den äußeren Schenkel. Das Pferd ist in eine Hohlbiegung umgestellt, die äußere Hand wird jetzt zur inneren. Indem ich die innere Schulter bei diesen Seitengängen vornehme, wird mein Becken frei, und ich kann besser mit dem äußeren Schenkel agieren. Der innere Gesäßknochen wird mehr belastet als der äußere, was dem Pferd das Seitwärtstreten erleichtert.

Eine Traversale ist eine diagonal zur Bande gerittene Traversverschiebung. Meist wird sie aus der Ecke heraus zur langen Seite der Bahn hin angesetzt. Man unterscheidet zwischen ganzer, halber und Zickzacktraversale. Die ganze Traversale führt das Pferd durch die ganze Bahn von einer Ecke der langen Seite diagonal zur gegenüberliegenden Ecke der anderen langen Bahnseite. Die halbe Traversale führt es bis zur Mittellinie. Bei der Zickzacktraversale wird es auf der Mittellinie umgestellt und nach der anderen Seite traversierend wieder zur gleichen Bahnseite zurückgeführt. Die Umstellung auf der Mittellinie sollte allerdings nicht abrupt erfolgen. Das Pferd muß vielmehr weich geradegerichtet und erst dann umgestellt werden. Beim Einleiten der Traversale ist es hilfreich, zunächst an Schulterherein zu denken. Dann geht das Pferd mit der Vorderhand etwas voraus. Sprich: Es geht in der für die Traversale richtigen Körperstellung.

Ich kann die Seitengänge in vielfacher Weise miteinander kombinieren. Zum Beispiel ist es eine gute Übung, die Lektion Schulterherein zu reiten und daraus in eine Volte überzugehen. Wenn ich die Volte beendet habe, nutze ich die Biegung und lasse das Pferd in Traversstellung weitergehen. Das gleiche kann ich auch in umgekehrter Reihenfolge machen. Oder ich reite Schulterherein, halbe Volte und anschließend im Renvers wieder in die entgegengesetzte Richtung. Auch auf dem Zirkel kann ich in Schulterherein, Renvers- oder Traversstellung reiten. Aus der Volte im Travers kann ich bei zunehmender Verkleinerung der Volte eine Schrittpirouette oder das Kurzkehrt (auch halbe Pirouette genannt) entwickeln. Im Trab ist die Pirouette allerdings nur über die Piaffe möglich.

Travers: Hier ist das Pferd etwas zu deutlich abgestellt und am inneren Zügel nach innen gezogen.

Denken Sie über weitere Kombinationsmöglichkeiten nach. Es werden Ihnen gewiß noch einige einfallen. Die Seitengänge fördern optimal die Rittigkeit, Durchlässigkeit und Gymnastizierung unserer Pferde. Jedes Pferd hat eine natürliche Schiefe. Das heißt, es läßt sich nach einer Seite besser arbeiten als nach der anderen. Ein gezieltes Gymnastizieren über die Seitengänge gleicht dies aus und fördert die Geraderichtung und Gleichseitigkeit des Pferdes. Hierbei werde ich immer die weniger durchlässige Seite vermehrt trainieren.

Gymnastik im Gelände

Manchmal bietet uns die Natur bessere Bedingungen, als wir sie auf dem Platz jemals finden könnten. Warum also nicht die Gymnastikstunde ins Gelände verlegen? Um Seitengänge zu reiten, brauche ich nicht unbedingt die feste Umzäunung einer Reitbahn. Feld- und Waldwege, aber auch Wiesen oder abgeerntete Äcker bieten hervorragende Möglichkeiten.

Wenn das Gelände ein wenig abschüssig ist, kann ich die Lektionen je nach Bedarf leichter oder schwieriger gestalten. Lasse ich das Pferd zum Beispiel zum Gefälle hin traversieren oder im Schulterherein gehen, mache ich ihm die Arbeit leichter. Gleichzeitig ist der Dehnungseffekt größer, denn es muß mit den kreuzenden Beinen tiefer treten. Das fördert die Rotation von Wirbelsäule und Becken. Reite ich diese Übungen gegen das Gefälle, muß mein Pferd dagegen mehr Muskelarbeit leisten.

Traversalen kann ich gut von einer Wegseite zur anderen reiten. Einzeln stehende Bäume und lichte Waldbestände eignen sich hervorragend, um gebogene Linien, also Schlangenlinien, Volten und Achten zu reiten. Außerdem kann sich das Pferd an diesen festen Hindernissen besser orientieren. Unebenes Gelände fördert zusätzlich seine Balance und Trittsicherheit.

Eine weitere Möglichkeit: Ich nehme einen Baum als Mittelpunkt und richte mein Pferd entweder mit dem Kopf oder der Kruppe in beliebigem Abstand zu ihm aus. Nun lasse ich es um den Baum herum seitwärtstreten. Zeigt der Kopf zum Baumstamm, muß die Hinterhand einen größeren Weg zurücklegen und stärker kreuzen als die Vorderhand. Zeigt die Kruppe zum Baum, ist es umgekehrt. Bei dieser Lektion kann ich das Pferd geradestellen oder ihm eine Travers- oder Schulterhereinstellung geben. Ich kann es links oder rechts herum treten lassen. Allein bei dieser Übung sind zwölf sehr anspruchsvolle Varianten möglich. Die Wahl des Abstands zum Mittelpunkt ist eine weitere Gestaltungsmöglichkeit. So werden die Zirkel größer oder kleiner. Unebenes Gelände kann diese Lektionen erschweren und dadurch noch effektiver machen.

Longenarbeit im Gelände an einem leichten Hang ermöglicht eine hervorragende Gymnastizierung.

Noch eine Variante: Zu Beginn der Übung ist das Pferd mit dem Kopf zum Baum gestellt. Nach einer halben Volte reite ich eine halbe Hinterhandwendung und lasse es mit Kruppe zum Baum weitergehen. Diese Übung kann ich natürlich auch umgekehrt durchführen.

Auch Hangtraining bietet zahllose Möglichkeiten. Zum Beispiel kann ich einen etwas steileren Feldweg oder Hang hinunterreiten, dabei mein Pferd an den Zügel stellen und es möglichst langsam gehen lassen. So muß es seine Hinterhand weit unterschieben und den Rücken hochwölben. Das ist eine optimale Gymnastik für die gesamte Oberlinie, besonders für die Lendenwirbelsäule und die Hinterhand. Ich kann das Pferd auch gegen den Hang rückwärtsrichten. Diese schwierige Übung fordert vom Pferd viel Kraft und Durchlässigkeit und ist ebenfalls eine gute Möglichkeit, um Hinterhand und Wirbelsäule zu gymnastizieren. Indem es sich mit der Hinterhand voran gegen den Hang schiebt, muß das Pferd außerdem anstrengende Muskelarbeit leisten. Hinterhand und Vorderhand werden in gleichem Maße gefordert. Wenn das Pferd einen langen Schweif hat, besteht allerdings die Gefahr, daß es bei dieser Art des Rückwärtsrichtens darauftritt und sich Schweifhaare ausreißt. Deshalb binde ich den Schweif hoch, bevor ich mit der Lektion beginne. Am besten macht man einfach einen Knoten in den Schweif.

Man kann das Pferd auch diagonal einen Hang hinauf- oder hinunterreiten. Das fordert und fördert in hohem Maße die Rotation von Wirbelsäule, Schulter und Becken und hilft, Blockaden zwischen den Wirbelkörpern zu lösen. Je nachdem, wie steil der Hang ist, muß man diese Übung zunächst an der Hand machen.

Bereits das einfache Reiten in hängigem Gelände fördert Muskelaufbau und Geschmeidigkeit des Pferds. Es kräftigt besonders seinen Motor, die Hinterhand, und fördert seine Kondition, Ausdauer und Trittsicherheit. Außerdem ist die Natur der natürliche Lebensraum der Pferde. Ich vermute, daß sie hier ihre Arbeit viel lieber tun als in befestigten und unnatürlichen Einrichtungen. Ich kenne Militaryreiter, die mit ihren Pferden extra in entsprechendes Gelände fahren, um Berg- und Klettertraining zu machen.

Galoppiert ein Pferd an einem Hang entlang, zeigt immer die innere Hand gegen den Hang. Das hat mit der Fußfolge zu tun: Mit der inneren Vorderhand greift das Pferd weiter nach vorne aus, dadurch wird es hier „kürzer“. Würde es dagegen mit der inneren Hand zur abschüssigen Hangseite hin galoppieren, würde es leicht aus der Balance geraten. Dieses Wissen kann ich mir zunutze machen, indem ich das Angaloppieren in einem entsprechend geeigneten Gelände übe.

Oft genug finden sich im Wald auch umgestürzte Bäume oder solche, die gefällt wurden und auf den Abtransport warten. Ich kann sie nutzen, indem ich mein Pferd darüber klettern lasse. Dabei muß es die Füße heben und lernt, darauf zu achten, wo es hintritt. Oder ich stelle mein Pferd davor und lasse es am Stamm entlang seitwärts weichen. Eine dritte Variante: Ich lasse es mit den Vorderbeinen über den Stamm steigen und richte es seitwärts. Dabei liegt der Baumstamm zwischen Vorder- und Hinterbeinen.

Man kann das Pferd auch im Zeitlupentempo über einen Stamm steigen lassen – eine gute Übung, um die Feinabstimmung zu fördern. Ich lasse es mit einem Vorderbein über den Stamm treten und halte es für ein paar Augenblicke an. Dann folgt das zweite Vorderbein, wieder Pause; dann die Hinterbeine, eins nach dem anderen mit einer Pause dazwischen. Hier muß das Pferd ganz fein hinhören und der Reiter in der Lage sein, fein zu kommunizieren. Auch Rückwärtsrichten über einen am Boden liegenden Baumstamm ist möglich. Dazu sollte der Stamm aber nicht zu dick sein. Auch diese Übung erfordert vom Reiter viel Feingefühl und vom Pferd eine gehörige Portion Vertrauen.

Lang sich hinziehende, gut reitbare Feld- und Waldwege bieten mir die Möglichkeit, bewußt am Takt und an der Losgelassenheit meines Pferds zu arbeiten. Dabei muß ich nicht, wie in der Bahn, auch noch sorgfältig auf ständige Richtungsänderungen achten. Übergänge zwischen den Gangarten, aber auch lange Trab- oder Galoppreprisen wirken sich sehr positiv auf den Aufbau der Rückenmuskulatur des Pferds aus.

Falls Sie das Glück haben, an einem See, Fluß oder gar am Meer reiten zu können: Nutzen Sie die Gelegenheit, und gehen Sie mit Ihrem Pferd ins Wasser. Den meisten Pferden macht das großen Spaß. Außerdem bauen Sie die Kondition Ihres Pferds auf, wenn Sie längere Strecken durch halbhohes Wasser reiten.

Das Ziel aller Mühe ist ein geschmeidiges, rittiges und mental fittes Reitpferd, das im Gelände oder in der Bahn mit kleinsten Impulsen zu reiten ist.

Egal ob zu Land oder im Wasser – bei allen Lektionen im Gelände ist es ein selbstverständliches Gebot, daß ich die Rechte der Feld- und Waldbesitzer achte und andere Nutzer oder Reiter nicht durch meine unüberlegten Aktionen gefährde.

Miteinander durch dick und dünn

Eine echte Partnerschaft oder Kameradschaft zwischen Mensch und Pferd bewährt sich in Extremsituationen. Dazu muß das Führungsverhältnis geklärt sein. Je besser der Mensch seine Führungsrolle ausfüllt, um so mehr ist das Pferd bereit, ihm durch dick und dünn zu folgen. Nur wer lernt, eine Führungspersönlichkeit zu sein, erhält vom anderen Respekt und Vertrauen – egal ob sich die Partnerschaft im Gelände, im Straßenverkehr, bei Reitertreffen, auf Messen oder in anderen Extremsituationen bewähren muß.

Ein schönes Beispiel für Beziehung und Vertrauen ist mein Schecke Fritz. Manchmal reite ich ihn in einer Show ohne Sattel und Zaumzeug. Allein das ist schon ein großer Vertrauensbeweis. Dann legt er sich auf meine Aufforderung hin flach auf die Seite – was ein Pferd nur tut, wenn es sich absolut sicher fühlt. Währenddessen starren Hunderte von „Raubtieraugen“ auf dieses wehrlose, am Boden liegende Beutetier. Drehe ich ihn dann noch auf den Rücken, streckt er alle vier Beine in die Luft und gibt seine Eingeweide frei. Dies ist nur möglich, weil Fritz mir vertraut und weil er sich bei mir geborgen fühlt. Oder er liegt auf der Seite, und ich liege zwischen seinen Beinen. Ich finde, dieses Vertrauen ist das Größte, was mir ein Pferd schenken kann.

Sicherlich handelt es sich hier um Extreme, die man nur mit viel Beziehungspflege erreichen kann. Der Schlüssel dazu ist aber immer ein geklärtes und positives Führungsverhältnis. Wie oft kommt es im Gelände vor, daß ein Pferd vor etwas erschrickt oder nicht an einer bestimmten Stelle vorbeigehen möchte. Das kann ein Holzstoß sein, der beim letzten Ausritt noch nicht dort lag, eine wehende Siloplane, eine nasse Stelle am Boden oder einfach der Fußgänger mit seinem Hund. Manchmal scheint sich das Pferd aber auch vor einem unsichtbaren Raubtier zu erschrecken. Pferde haben ein Recht darauf, ängstlich zu sein. Aber wenn Sie ein starkes

Eine Übung, die viel Vertrauen fordert: Das Pferd durchschreitet einen Engpaß, der mit Planen verhängt ist, die heftig im Wind flattern.

Es ist ein Traum, frei und ohne äußere Zwänge zu reiten. Mensch und Pferd sind eine Einheit – wer wünscht sich das nicht?

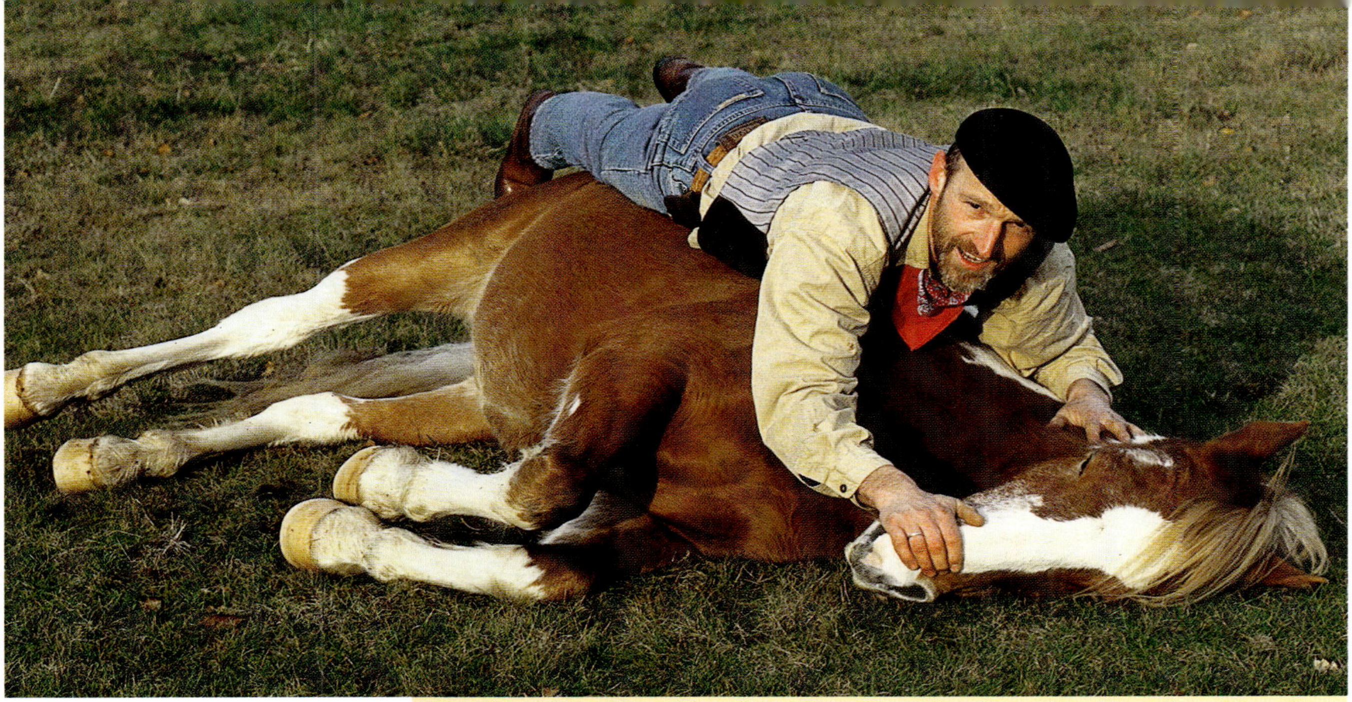

Vertrauen ist das größte Geschenk, das ein Pferd einem Menschen machen kann.

Leittier sind, werden diese Situationen immer seltener vorkommen. Kann eine solche „gefährliche" Stelle nicht reitender Weise passiert werden, sollte man absteigen und das Pferd daran vorbeiführen. War Ihre Beziehungsarbeit im Vorfeld erfolgreich (siehe Kapitel „Bodenarbeit"), muß Ihr Pferd Ihnen jetzt vertrauensvoll folgen.

Eine besondere Gefahr stellt der Straßenverkehr dar. Große Lastwagen oder landwirtschaftliche Fahrzeuge können recht furchteinflößend sein. Nicht selten kommt es zu Panikattacken, wenn plötzlich ein solches Ungetüm auftaucht. Kritisch wird es, wenn kein Platz zum Ausweichen da ist. An solche Situationen sollten Sie Ihr Pferd gewöhnen. Oft gibt es entlang stark befahrener Straßen landwirtschaftliche Parallelwege. Hier können Sie Ihr Pferd an den Straßenverkehr gewöhnen, ohne daß es sich ihm direkt aussetzen muß. Sie können Ihr Pferd aber auch an parkende LKW oder Traktoren heranführen. Bitten Sie den Bauer, den Traktor zu starten. So kann sich Ihr Pferd an die Motorengeräusche gewöhnen.

Vielleicht kann der Bauer auch langsam an Ihnen vorbeifahren oder zu Übungszwecken den Motor aufheulen lassen. Wichtig ist, daß Sie ruhig bleiben. Beginnen Sie nicht, auf Ihr Pferd einzureden. Gehen Sie selbstverständlich mit den Dingen um. Nur dann lernt auch Ihr Pferd, selbstverständlich damit umzugehen. Aber schaffen Sie sich einen Rahmen, der es zuläßt, daß Ihr Pferd auch mal zur Seite springt, ohne gleich außer Kontrolle zu geraten. Knotenhalfter, langes Seil und genügend Platz zum Ausweichen bieten die entsprechenden Voraussetzungen.

Unser heute 32jähriges Pferd Rex war früher ein Schreck-Kandidat. Sobald er größere Fahrzeuge auf sich zukommen sah, sprang er panikartig und unkontrollierbar Straßenböschungen hoch oder in Straßengraben hinein. Das beschwörte oft gefährliche Situationen herauf. Interessant war, daß er sich vor allem bei meiner Frau so verhielt. Allerdings erwartete sie es auch geradezu von ihm und war im Vorfeld schon entsprechend nervös. Bei mir war er wesentlich berechenbarer. Mit einem gezielten Schrecktraining und einer geänderten inneren Einstellung bekam meine Frau das Problem schließlich gut in den Griff.

Sternritte, Reiterrallyes oder andere Reitertreffen sind eine tolle Sache. Leider hat mancher Reiter sein Pferd dabei nicht im Griff. Dieses ist mit dem Kopf nicht bei der Sache oder zerrt seinen Besitzer am Strick durch die Gegend. Vielleicht attackiert es andere Pferde oder wiehert ständig nach ihnen – unangenehme Dinge, die Sie nur regeln können, wenn die Führungsrolle eindeutig zu Ihren Gunsten geklärt ist. Führung hat nichts mit Unterdrückung zu tun, sondern mit Vorangehen. Sie ist der Schlüssel zum Pferd und Garant für ein möglichst reibungsloses Miteinander.

Nichts gegen Springen

Vor einiger Zeit lud mich mein Freund Andreas Baumann zu einem Tag der Vielseitigkeit auf seine Anlage ein. Andreas ist Pferdewirtschaftsmeister und aktiver Militaryreiter. Zu seiner Anlage am Niederrhein gehört ein mehrere Hektar großer Springplatz mit fast allen Hindernissen, die man sich auf einer Militarystrecke vorstellen kann. Von Gräben und Wasserdurchquerungen über Hügel, feste Mauern bis zu ganzen Leiterwagen, mächtigen Baumstämmme und Plateaus zum Auf- und Abspringen ist alles vorhanden.

Bisher hatte ich zu dieser Art des Pferdesports wenig Zugang. Aber was ich an diesem Tag der Vielseitigkeit sah, begeisterte mich. Die Pferde taten sicher, vertrauensvoll und selbständig ihre Arbeit – eine Arbeit, die ihnen sehr viel abverlangte. Sie bewiesen Leistungsstärke, Springfreudigkeit, Mut und Präzision. Pferd und Reiter waren ein Team, hier vertraute einer dem anderen. Der Reiter gab den Weg vor, bemühte sich ansonsten aber, sein Pferd so wenig wie möglich bei der Arbeit zu stören.

Die Military ist ein harter, sicher nicht immer unumstrittener und manchmal auch nicht ungefährlicher Sport. Ihr Ursprung liegt in der Zeit, als Pferd und Reiter im Krieg noch eine wichtige Rolle spielten. Damals mußten die Meldereiter, oft unter schwierigsten Geländebedingungen, wichtige Nachrichten schnell und sicher weiterleiten.

Ich möchte hier keineswegs für diese extreme Art des Pferdesports werben. Aber trotzdem wünsche ich mir ein wenig von dieser dynamischen Art der Reiterei. Wir müssen ja nicht gerade Mauern oder ganze Leiterwagen überspringen. Um unsere Pferde zu gymnastizieren, ihre Vitalität zu fördern und unsere Partnerschaft mit ihnen zu festigen, reichen kleine und mittlere Hindernisse. Mit etwas Übung kann man so ziemlich alles überspringen – angefangen bei einzelnen oder mehreren Cavaletti über niedrige Sprünge bis hin zu im Wald liegenden Bäumen oder Wassergräben. Dabei können wir lernen, dem Pferd mehr Verantwortung zu überlassen und es frei arbeiten zu lassen. „Du reitest zuviel“, sagte mir mal eine gute Reiterin, die mir bei der Ar-

Vom Springen profitieren die Muskeln von Hals, Rücken und Bauch. Dieses Pferd wirkt jedoch noch etwas unbeholfen, weil es mit Hohlkreuz und hängenden Beinen springt.

beit mit dem Pferd zusah. Sie meinte: Laß dein Pferd mehr selbständig tun, und gib ihm nicht jeden Schritt vor. Zu diesem Fehler neigen viele dressurorientierte Reiter.

Wie baue ich das Springtraining auf? Am Anfang sollte ich die Steigbügelriemen etwa zwei Loch kürzer schnallen. Mit zu langen Riemen ist es schwierig, dem Pferd die Rückenfreiheit zu geben, die es braucht, um sich frei unter dem Reiter zu bewegen. Sehr enge Sättel mit hohem Vorderaufbau eignen sich nicht zum Springen, selbst wenn es nur über niedrige Hindernisse geht. Auch andere Sättel sind nur bedingt tauglich. Aber es geht hier ja nicht um extremes Springtraining, sondern darum, mal einen kleinen Sprung nehmen zu können.

Beim Springen soll das Pferd lernen, frei unter mir und in loser Anlehnung zu gehen. Dazu nehme ich meine Schultern etwas nach vorne, im Gegenzug schiebt sich die Hüfte nach hinten. Hier bildet nicht der tiefe Sitz des Reiters das Fundament, wie es beim Dressurreiten der Fall ist. Vielmehr gibt beim Springen die Verbindung Knie-Wade-Fuß dem Reiter Stabilität. Die Steigbügel sollten weiter hinten als beim Dressurreiten, im Bereich der Fußwölbung des Reiters plaziert sein. Die Hände können links und rechts am Pferdehals, kurz vor dem Widerrist, aufgestützt werden. Durch diesen Sitz wird das Pferd im Rücken entlastet und kann den Rücken frei unter dem Reiter schwingen lassen. Zunächst muß man den Springsitz losgelöst vom Springen üben. Auch beim Anreiten junger Pferde oder der Korrektur rückengeschädigter Pferde kann er zum Einsatz kommen. Dressursitz und Springsitz sind sehr unterschiedlich. Man muß beide nicht miteinander verquicken, sondern getrennt voneinander üben.

Als nächstes soll mein Pferd lernen, auf Hindernisse zuzugehen. Läßt man ihm die Wahl, wird es ein Hindernis immer umgehen, anstatt darüberzuspringen. Wenn ich ihm beibringen will darüberzuspringen, muß ich es deshalb sehr behutsam an seine Aufgabe heranführen. Natürlich beginne ich nicht gleich mit einem richtigen Sprung, sondern gehe vom Einfachen zum Schwierigen vor. Hier bietet es sich an, mit Cavaletti anzufangen – Stangen, die meist zehn Zentimeter dick und 250 Zentimeter lang sind, an beiden Enden von kreuzartigen Konstruktionen oder Kunststoff-Blöcken gehalten werden und etwa 30 Zentimeter über dem Boden liegen.

Zunächst reite ich mein Pferd an ein Cavaletti heran und lasse ihm Zeit, es zu betrachten oder zu beriechen. Durch gutes Training am Boden sollte es schon mit diversen Hindernissen vertraut sein. Nun lasse ich es im Schritt über das Cavaletti gehen und lobe es. Damit mein Pferd lernt, möglichst frei und ohne stark begrenzende Reiterhilfen ein Hindernis anzugehen, bietet es sich an, ihm den Weg durch seitliche Begrenzungen zu zeigen. Das heißt: Man macht ihm praktisch eine Gasse, die es unweigerlich zum Hindernis führt und ein seitliches Ausweichen verhindert. Dazu kann man zum Beispiel auf den Boden gelegte Hindernisstangen verwenden, die trichterförmig zum Hindernis hinführen, aber auch an Sprungständern oder Tonnen befestigtes Trassierband oder sogenannte Fänge. Das sind senkrecht stehende Holzgitter, die beim Pferd erst gar nicht die Idee aufkommen lassen, daß es seitlich ausbrechen könnte.

Wenn es kein Problem mehr ist, ein einzelnes Cavaletti zu überschreiten, kommt ein zweites und drittes dazu. Die Zahl kann bis zu sechs gesteigert werden. Hat es gelernt, die Cavaletti im Schritt zu überwinden, übe ich den gleichen Vorgang im Trab. Der Abstand zwischen den Cavaletti sollte bei mittelgroßen Pferden etwa 140 Zentimeter, bei Großpferden 150 und bei Ponys 130 Zentimeter betragen. Wichtig ist, daß ich dem Pferd genügend Zügel gebe, damit es sich beim Überschreiten der Cavaletti-Reihe nach vorwärts-abwärts strecken kann. Damit der Rücken frei schwingen kann, muß ich darauf achten, daß ich seinen Rücken durch den Entlastungssitz freigebe. Das Pferd soll lernen, die Arbeit in Dehnhaltung zu tun. Falsch wäre es, die Cavaletti höher als 30 Zentimeter zu legen. Das würde den Rücken beim Schwingen behindern. Die Cavalettiarbeit ist eine gute Rückengymnastik. Außerdem lernt das Pferd, seine Füße richtig zu setzen, und wird auf das Springen vorbereitet.

Zur Galopparbeit müssen die Cavaletti weiter auseinandergestellt werden. Bei mittelgroßen Pferden sollten die Abstände jetzt 350 Zentimeter, bei Großpferden 400 und bei Ponys 300 Zentimeter betragen. Auch hier beginne ich wieder mit einer einzelnen Stange und steigere die Zahl nur in kleinen Schritten. Das Cavaletti muß ein wenig höher gestellt werden als im Schritt oder Trab, nämlich auf ungefähr 40 Zentimeter.

War diese Art der Cavalettiarbeit erfolgreich,

kann ich an einer anderen Variante arbeiten. Ich lege die Stangen fächerförmig aus. Dadurch kann ich die Trittlänge meines Pferds flexibel gestalten – je nachdem, ob ich weiter innen oder außen über die Cavaletti reite.

Mit dieser Vorbereitung kann ich mit meinem Pferd die ersten leichten Sprünge angehen. Dabei ist es wichtig, daß ich es nicht in seiner natürlichen Bewegung störe. Zum Absprung muß ich mit meiner Hand vorgehen, damit es seinen Hals vorstrecken kann. Auch während der Schwebe- und Landephase muß die Hand noch vorne bleiben. Der Hals dient dem Pferd beim Springen als Balancierstange. Deshalb braucht er genug Freiheit, damit es seine Arbeit tun kann. Verliert es das Gleichgewicht, darf ich nicht am Zügel ziehen. Dadurch hindere ich es nur daran, sich auszubalancieren.

Wer Freude daran hat, kann die Springübungen weiter ausbauen. Hier empfiehlt es sich aber, einen Vielseitigkeits- oder sogar Springsattel zu benutzen. Sprünge bis etwa 80 Zentimeter Höhe kann man auch in den meisten anderen Sätteln bewältigen. Bei allem, was darüber hinausgeht, erscheint mir das nicht mehr zweckmäßig.

Wie alles andere, was wir mit unseren Pferden erarbeiten, muß auch das Heranführen ans Springen mit System geschehen. Das Training muß ruhig und logisch aufgebaut sein. Das Pferd soll spielerisch und ohne Streß lernen, seine Aufgabe zu tun. Wenn ich das Training so strukturiere, bekommt mein Pferd genügend Selbstvertrauen, um Sprünge ohne Zögern anzugehen und selbständig zu springen. Dabei motiviere ich es, indem ich es häufig lobe und immer wieder Pausen einlege.

Auch den fliegenden Galoppwechsel kann ich mit Hilfe von Cavaletti erarbeiten. Hat das Pferd gelernt, leichte Hindernisse zu springen, ist es auch dazu in der Lage. Ich stelle ein Cavaletti in einer 45-Grad-Abstellung und einem Meter Abstand an die Bande der langen Seite der Reitbahn. Ich komme auf dem Hufschlag am Cavaletti vorbei – zum Beispiel im Rechtsgalopp. Jetzt reite ich eine große Kehrtvolte und steuere das Pferd im rechten Winkel auf das Cavaletti zu. Im Überspringen des Cavaletti sitze ich um in den Linksgalopp, und das Pferd wird über dem Sprung wechseln. Die nahende Bande trägt auf ganz natürliche Weise dazu bei. Jetzt lobe ich das Pferd, um ihm zu bestätigen, daß es seine Arbeit gut gemacht hat. Wenn ihm das einzelne Cavaletti nach einigem Üben keine Probleme mehr bereitet, kann ich spiegelbildlich dazu ein zweites Cavaletti hinstellen. Jetzt kann ich die Galoppwechsel abwechselnd rechts und links reiten. Nach einiger Zeit werde ich die Cavaletti niedriger stellen, dann nur noch eine Stange auf den Boden legen. So wird mein Pferd bald ohne diese Hilfsmittel fliegend wechseln. Es hat sich eine Reflexbahn gebildet. Der Galoppwechsel ist zu einem Automatismus geworden.

Eine weitere Variante: Ich stelle ein Cavaletti längs in die Mitte der Bahn, dann reite ich auf dem Zirkel. Während des Sprungs sitze ich um und wechsele aus dem Zirkel auf die andere Hand. So kann ich, eine große Acht reitend, immer bei Punkt X fliegend wechseln. Auch hier werden im Laufe der Zeit die Hilfsmittel zusehends abgebaut, so daß das Pferd schließlich auch ohne sie wechselt.

Als Vorbereitung zum Springen eignen sich Baumstämme oder Cavaletti.

Die Spiele der Ranchreiter

Ein Spiel für Fortgeschrittene: Aus dem Galopp muß die Reiterin den Eimer mit einem zusammengeknoteten Schal treffen.

Reiterrallyes und Trailübungen sind eine beliebte Beschäftigung im Umgang mit Pferden. Denn sie erlauben, weit weg vom teilweise bitteren Ernst eines Turniers spielerisch verschiedene Aufgaben miteinander zu erarbeiten. Hier steht die Begeisterung im Vordergrund.

Ähnliches ist uns von den Ranchreitern vergangener Zeiten überliefert. Ihnen ging es darum, vielseitigen Kontakt mit ihren Pferden zu pflegen, wobei sie ein hohes Maß an Qualität und Ausbildung zu ihrem Ziel erklärten. Reiterspiele und Traillektionen sind eine hervorragende Gelegenheit, das gemeinsame Können zu demonstrieren. Es liegt in der Natur der Menschen, ihre Fähigkeiten aneinander messen zu wollen. Auch die Ranchreiter waren da sicher keine Ausnahme. Wenn dieses „Sich-messen-wollen" auf freundschaftlicher Basis stattfindet und nicht auf Kosten des Pferds geht, ist es auch in Ordnung. Leider sieht das im harten Turniersport oft anders aus.

Aber auch „spielerisch" heißt nicht unbedingt „leicht". Bekanntlich steckt hinter einer Leistung umso mehr Arbeit, je spielerischer und leichter sie aussieht. Aus der Ranchreiterei stammen einige Übungen, mit denen die Reiter ihre Leistungen zur Schau stellten. Zum Beispiel ritten sie freihändig auf einem schmalen Holzsteg über einen Bach; sie zogen, ohne daß ihr Pferd zögerte oder den Takt verlor, im Schritt ein Dutzend Holzstöcke aus dem Sand; sie überquerten eine 80 Zentimeter breite Holzbrücke im Schritt, Trab und Galopp, oder sie spießten an Bindfäden hängende Äpfel auf. Bei diesen Wettbewerben ging es nicht um Geldpreise, sondern um die Ehre.

Vergleichen wir diese Wettkampfdisziplinen mit den Geschicklichkeitsturnieren unserer Zeit, fallen uns verblüffende Übereinstimmungen auf. Deshalb kann man mit Fug und Recht sagen, daß die Ranchreiterei in Wirklichkeit schon seit vielen Jahren eine Renaissance unter den Freizeitreitern erlebt. Die meisten wissen es nur nicht. Schauen wir uns nur mal einige der bekannten Trailaufgaben an, deren korrektes Erreiten ein hohes Maß an Rittigkeit, Durchlässigkeit und Vertrauen erfordert.

Öffnen, Durchreiten und Wiederschließen eines Tors, wobei eine Hand des Reiters immer am Tor bleiben sollte.
Das Tor öffnet sich nach links. Ich reite es von rechts an und stoppe parallel dazu das Pferd. Die linke Hand erfaßt den Verschluß des Tors und öffnet ihn. Ich lasse das Pferd seitwärts nach links treten, dabei muß seine Vorderhand einen weiteren Weg gehen als die Hinterhand. Ist das Tor eine Pferdelänge weit geöffnet, lasse ich das Pferd so weit vorgehen, bis sich der vordere Teil des Tors etwas in Höhe des Sattelgurts befindet. Lasse ich das Pferd jetzt eine halbe Vorderhandwendung machen, befindet es sich auf der linken Torseite. Nun schaut es in die entgegengesetzte Richtung. Mit meinem rechten Schenkel lasse ich das Pferd jetzt seitwärts nach links treten, bis das Tor wieder geschlossen ist und der Riegel

Das Ei auf dem Löffel zeigt an, ob der Reiter die Hand ruhig hält.

Das Pferd muß zwischen den beiden Tonnen halten. Erst wenn der Reiter den Sack mit klappernden Dosen auf eine der Tonnen gelegt hat, darf es weitergehen.

vorgelegt werden kann. Möchte ich dasselbe Tor andersherum öffnen und durchreiten, reite ich links heran, erfasse mit der rechten Hand den Verschluß und öffne ihn. Nun lasse ich das Pferd vor dem sich öffnenden Tor nach links weichen. Dabei brauche ich das Tor nicht ganz so weit zu öffnen wie zuvor. Ich lasse das Pferd wieder bis zum Sattelgurt am Tor vorgehen und fordere eine halbe Vorderhandwendung nach links. Wenn ich jetzt mein Pferd seitwärts nach links richten würde, wäre der Anschlagpfosten des Tors im Weg. Deshalb muß man das Pferd bei dieser Variante soweit am Tor entlang vorgehen lassen, bis es ohne Probleme seitwärts daran vorbei kann. Dabei gleitet meine rechte Hand an der Oberkante des Tors entlang, ohne es loszulassen. Jetzt kann ich das Pferd nach links treten lassen und dabei das Tor zuziehen. Damit ich es verriegeln kann, richte ich das Pferd rückwärts, bis ich den Verschluß erreiche; dabei bleibt meine Hand auf dem Tor. Jetzt kann ich das Tor verriegeln und die Aufgabe beenden. Diese Lektion ist sehr anspruchsvoll. Sie erfordert absoluten Schenkelgehorsam und die Durchlässigkeit des Pferds nach allen Seiten. Außerdem muß sie in ruhiger Manier und einhändig geritten werden.

Über eine Wippe reiten.

Schon das einfache Überreiten einer Wippe verlangt vom Pferd viel Vertrauen. Es soll ruhig und entspannt auf die Wippe zugehen und sie ohne Zögern überqueren. Wenn sie beim Überreiten des Scheitelpunkts zur anderen Seite kippt, soll es ohne Panik weitergehen. Dies ist die einfachste und wohl auch bekannteste Aufgabe an der Wippe.

Ich finde, in der Wippe stecken aber noch viel mehr interessante Herausforderungen. Zum Beispiel kann ich mein Pferd rückwärts darübergehen lassen, es entweder nur mit den Vorder- oder Hinterbeinen

Reifen-Spiel: Das Pferd bleibt mit den Vorderbeinen auf der Stelle und tritt mit den Hinterbeinen im Kreis.

darauf seitwärtsrichten, es quer über den Kipp-Punkt stellen und durch Austreten der Steigbügel rechts oder links wippen lassen, vorwärts bis zum vorderen Ende und dann rückwärts wieder zurückreiten...

Eine besondere Herausforderung ist es, das Pferd auf dem Kipp-Punkt stehend um 360 Grad zu drehen. Dabei muß es die Füße sehr eng zusammenstellen. Während des Drehvorgangs kippt die Wippe immer wieder von einer Seite zur anderen. Das erfordert ein hohes Maß an Balancefähigkeit, Nervenstärke und Durchlässigkeit.

Durchreiten eines Planentunnels.

Mit Hilfe einer Latten- oder Stangenkonstruktion wird ein Gerüst gebaut, das so groß ist, daß ein Pferd mit Reiter darunter durchreiten kann. Darüber wird eine große Abdeckplane gezogen und verspannt. Indem man zusätzlich den Eingang oder Ausgang oder auch beides mit einem Flattervorhang versieht, kann man die Aufgabe schwieriger machen. Oder man kann zusätzlich eine Plane auf den Boden legen.

Vom Pferd aus Wäsche auf- oder abhängen.

Das Pferd muß ruhig an die Wäscheleine herantreten und auch dann am jeweiligen Wäschestück stehenbleiben, wenn es im Wind flattert. Jetzt braucht der Reiter beide Hände, um Wäscheklammer und Wäsche abzunehmen. Er steckt beides in einen Beutel, der am Sattel hängt, und reitet im ruhigen Schritt zum nächsten Wäschestück. Diese Aufgabe kann man noch schwieriger gestalten, indem man die Wäsche auf eine Wäschespinne hängt. Denn bei Wind drehen sich Wäschespinnen gern.

Seitwärtsrichten über ein am Boden liegendes Stangen-T.

Dazu braucht man drei Hindernisstangen. Zwei

Wer kein Holztor zimmern will, kann sich mit einem Seil behelfen. Je ruhiger das Pferd steht, desto besser.

davon liegen mit einem Meter Abstand auf einer Linie. Die dritte Stange legt man im 90-Grad-Winkel dazu – so, daß das obere Ende genau auf die Mitte des freien Stücks zwischen den beiden anderen Stangen zeigt. Der Abstand zu dieser gedachten Linie soll 50 Zentimeter betragen. So entsteht ein T-förmiges Gebilde, bei dem die Querbalken des T genau so lang sind wie der senkrechte Balken. Die Balkenenden dürfen sich nicht berühren. Das Pferd soll nun seitwärts darübergehen, wobei sich die Balken immer zwischen Vorder- und Hinterbeinen befinden.

Angenommen, ich stehe mit meinem Pferd am linken Ende der linken Querstange, seine Hinterhand steht parallel zur senkrecht liegenden Stange. Dann lasse ich es nach rechts seitwärtstreten, bis es das rechte Ende der linken Querstange erreicht. Danach kommt eine viertel Hinterhandwendung, mit der ich es über der senkrecht liegenden Stange einfädele. Ich lasse es weiter bis ans Ende der Stange nach rechts weichen. Dort halte ich an.

Nach einer kurzen Pause mache ich das Ganze in der entgegengesetzten Richtung nach links. Jetzt muß das Pferd eine viertel Vorderhandwendung machen, wenn wir wieder am T-Mittelpunkt angekommen sind. Ich fädele es über die rechte Querstange ein und lasse es zum Schluß nach links über die Stange bis zum Ende weichen.

Das Stangen-L und Stangenlabyrinth.

Weitere Aufgaben sind das Rückwärtsrichten durch eine am Boden liegende Stangengasse in L-Form, wobei keine Stange angestoßen oder verschoben werden darf, oder das Passieren eines Stangenlabyrinths in Vorwärts- oder Rückwärtsbewegung.

Der Stangenstern.
Um einen am Boden liegenden Traktorreifen oder ähnliches werden sternförmig Stangen angeordnet; dabei kann man auch zwei Traktorreifen übereinanderlegen. Die Stangen liegen mit dem vorderen Ende auf dem Reifen, also erhöht. Das hintere Ende liegt auf dem Boden. Jetzt reitet man über die Stangen. Je enger man den Kreis zieht, desto schwieriger wird die Lektion. Die Abstände zwischen den einzelnen Stangen werden enger, und die Stangen liegen höher. Nach Möglichkeit sollten die Stangen nicht berührt oder gar heruntergestoßen werden. Diese Aufgabe kann man im Schritt oder Trab reiten.

Slalom um Fässer oder Kegel.
Hier kann man alle Gangarten reiten und eventuell auch rückwärtsreiten.

Fähnchen austauschen.
Auf vier in einer beliebigen Formation stehenden Tonnen steht je ein mit Sand gefüllter Eimer. Darin steckt ein Fähnchen. Der Reiter soll im Vorbeireiten das Fähnchen herausziehen, in den nächsten Eimer stecken und gegen das darin befindliche austauschen. So reitet er alle Tonnen ab, bis alle Fähnchen ausgetauscht sind. Dabei soll das Pferd nicht stehenbleiben. Ganz geschickte Reiter beherrschen diese Aufgabe auch im Trab.

Eier balancieren.
Von der rechten Seite auf das Pferd aufsteigen, dabei in einer Hand einen Löffel mit einem Ei halten; das Ei darf nicht herunterfallen.

Mit etwas Phantasie kann man die Liste solcher Geschicklichkeitsaufgaben beliebig verlängern, wobei der Kreativität kaum Grenzen gesetzt sind. Zwischen den einzelnen Stationen kann dann noch eine bestimmte Gangart gefordert werden. Das Bewertungssystem wird individuell festgelegt.

Weitere Beispiele
Als Beispiele und zum Nachahmen oder Abändern hier noch einige Anregungen:

- Korbball (vom Sattel aus Ball in Korb werfen; beliebige Distanz zum Korb; Ball kann vom stehenden oder gehenden Pferd aus geworfen werden).
- Klappersack oder Plastikplane über eine festgelegte Distanz hinter sich herziehen.
- Durchreiten eines Streifen- oder Flattervorhangs.
- Ringstechen (an einem Galgen oder einer Leine aufgehängte Gardinen- oder andere Ringe mit einer Lanze oder einem Besenstiel aufspießen; kann in verschiedenen Gangarten geritten werden).
- Mittelhandwendung in einem eng gelegten Stangenviereck, ohne die Stangen anzustoßen.
- Mikado (unregelmäßig und durcheinander oder auch übereinander am Boden liegende Stangen überreiten, ohne sie zu berühren).
- Sackgasse mit Glocke (in eine etwa einen Meter breite Sackgasse hineinreiten, an deren hinterem Ende eine Glocke aufgehängt ist. Die Glocke läuten und rückwärts die Sackgasse wieder verlassen).
- Auf dem Pferd sitzend einen Luftballon aufblasen, bis er platzt.
- Auf dem Pferd sitzend einen Regenmantel, ein Regencape oder einen Overall anziehen.
- Mit Hilfe des Pferds einen großen Gymnastikball rollen.
- Vom Sattel aus einen Ball mit einem Schläger ins Tor schieben oder schießen.

Eine andere Art, sich mit Freunden zu messen, sind Rennen. Ich meine hier keine Galopprennen, denn diese arten leider allzuoft in wilde Raserei aus. Viel anspruchsvoller sind Rennen, bei denen man eine Strecke in einer vorgegebenen Gangart möglichst langsam reiten muß. Wer bei einem Schrittrennen stehenbleibt, scheidet aus oder erhält Strafpunkte, ebenso derjenige, der bei einem Trabrennen in den Schritt oder bei einem Galopprennen in den Trab fällt. Bei dieser Art von Rennen zeigt sich, wie durchlässig die Pferde wirklich sind. Man kann auch Schrittrennen veranstalten, um den schnellsten Schrittgänger zu ermitteln. Hier darf das Pferd aber auf keinen Fall antraben.

Nachwort

Die Deutsche Reiterliche Vereinigung hat 1995 die Ethischen Grundsätze des Pferdefreunds verabschiedet. Diese Aussagen sollten Richtlinien sein für jeden, der mit Pferden umgeht. Da man diese Ansprüche kaum besser formulieren kann, erlaube ich mir, sie hier abzudrucken – in der Hoffnung, daß viele Pferdefreunde sie lesen und sich damit identifizieren können. Zum Wohl von Mensch und Pferd.

Die Ethischen Grundsätze des Pferdefreundes

- Wer auch immer sich mit dem Pferd beschäftigt, übernimmt die Verantwortung für das ihm anvertraute Leben.
- Die Haltung des Pferdes muß seinen natürlichen Bedürfnissen entsprechen.
- Der physischen wie psychischen Gesundheit des Pferdes ist unabhängig von seiner Nutzung oberste Bedeutung einzuräumen.
- Der Mensch hat jedes Pferd gleich zu achten, unabhängig von dessen Rasse, Alter und Geschlecht sowie Einsatz in Zucht, Freizeit oder Sport.
- Das Wissen um die Geschichte des Pferdes, um seine Bedürfnisse sowie die Kenntnis im Umgang mit dem Pferd sind kulturgeschichtliche Güter. Diese gilt es zu wahren und zu vermitteln und nachfolgenden Generationen zu übermitteln.
- Der Umgang mit dem Pferd hat eine persönlichkeitsprägende Bedeutung gerade für junge Menschen. Diese Bedeutung ist stets zu achten und zu fördern.
- Der Mensch, der gemeinsam mit dem Pferd Sport treibt, hat sich und das ihm anvertraute Pferd einer Ausbildung zu unterziehen. Ziel jeder Ausbildung ist die größtmögliche Harmonie zwischen Mensch und Pferd.
- Die Nutzung des Pferdes im Reit-, Fahr- und Voltigiersport muß sich an seiner Veranlagung, seinem Leistungsvermögen und seiner Leistungsbereitschaft orientieren. Die Beeinflussung des Leistungsvermögens durch medikamentöse sowie nicht pferdegerechte Einwirkung des Menschen ist abzulehnen und muß geahndet werden.
- Die Verantwortung des Menschen für das ihm anvertraute Pferd erstreckt sich auch auf das Lebensende des Pferdes. Dieser Verantwortung muß der Mensch stets im Sinne des Pferdes gerecht werden.